ALBERTO LUIZ PEREIRA DA COSTA

O ABANDONO DA EDUCAÇÃO DO CAMPO NO BRASIL

PISTAS PARA UMA EDUCAÇÃO MATEMÁTICA DESCOLONIAL

KOTTER EDITORIAL

Coordenação Editorial: Sálvio Nienkötter
Editor-Executivo: Daniel Osiecki
Editor-adjunto: Claudecir de Oliveira Rocha
Capa: Amilton Bonfim
Design editorial: Carlos Garcia Fernandes
Produção: Cristiane Nienkötter
Revisão e preparação de originais: O Autor

Dados Internacionais de Catalogação na Publicação (CIP)
Angelica Ilacqua CRB-8/7057

Costa, Alberto Luiz Pereira da
O abandono da educação do campo no Brasil : pistas para uma educação matemática descolonial / Alberto Luiz Pereira da Costa. -- Curitiba: Kotter Editorial, 2023.
216 p.

ISBN 978-65-5361-179-5

1. Educação – Brasil 2. Matemática – Estudo e ensino I. Título

CDD 370

23-0624

Kotter Editorial Ltda.
Rua das Cerejeiras, 194
CEP: 82700-510 - Curitiba - PR
Tel. + 55(41) 3585-5161
www.kotter.com.br | contato@kotter.com.br

Feito o depósito legal
1ª Edição
2023

ALBERTO LUIZ PEREIRA DA COSTA

O ABANDONO DA EDUCAÇÃO DO CAMPO NO BRASIL

PISTAS PARA UMA EDUCAÇÃO MATEMÁTICA DESCOLONIAL

Dedico este livro aos milhares de brasileiros e brasileiras que estão no campo, assentamentos, nas periferias e nos morros, que não puderam estudar em seu tempo de menino e menina, que não puderam frequentar o sistema educacional, pois de alguma maneira foram impedidos por um sistema opressor de conhecer o sabor da escrita e de uma boa leitura.

Agradecimentos

Primeiro livro que escrevo sobre a educação do campo no Brasil, este livro compõe algumas concepções da história da educação brasileira, focando no seu abandono desde os tempos da colônia. É denominado um livro descolonial, anticolonial, que proporciona pistas à procura de uma educação libertadora.

Enveredar neste tema não é tarefa fácil, pois com isso, nos enveredamos nas mazelas que o poder impõe as camadas mais pobres da população. Este fato é nítido, não só na história da educação, mas também nos dias atuais de populações que vivem à margem do sistema, que vivem em lugares violentos, abandonados pelo poder público, jogados a própria sorte.

Quando, em 2014 iniciei este projeto, tinha a intensão de fazer um trabalho que pudesse compreender o sistema educacional de escolas do campo de quatro regiões do Triângulo Mineiro de Minas Gerais, porém isso não foi possível. A investigação tomou outro rumo, e isso fez uma mudança repentina no olhar para a investigação. A Professora Maria Raquel da FCT/Unesp compreendeu a saga, segurou a mão e me abraçou com coragem até a finalização do trabalho. Sem ela este livro não teria sido publicado. Só mesmo pesquisadores sensatos, experientes conseguem filtrar, e fazer a virada de página, e seguir em busca do sonho com esperança. "Na medida em que nos tornamos capazes de transformar o mundo, de dar nome às coisas, de perceber, de inteligir, de decidir, de escolher, de valorizar, de, finalmente, *eticizar* o mundo, o nosso mover-nos nele e na história vem envolvendo necessariamente sonhos por cuja realização nos batemos. Daí então, que a nossa presença no mundo, implicando escolha e decisão, não seja uma presença neutra. " (Paulo Freire, 2014, p. 35) Na maioria das vezes os pesquisadores se sentem sozinhos e acabam se lançando fora da pesquisa, abandonando os projetos, a pós-graduação e a carreira de pesquisador.

Os pesquisadores não entendiam qual o lugar que eu iria chegar com a proposta, mesmo alguns que se articulam pesquisadores do campo, porém estão desconectados e não compreendem a premissa da pesquisa descolonial, pois as amarras, e as cooptações alheias impedem serem pesquisadores com criticidade, impedem a denúncia, o anúncio, a utopia. Como pensar o futuro da pesquisa no país sem pensar anticolonial? Se as reais situações são praticamente nefastas, se o sistema capitalista crava a imposição, a ignorância, o descaso, intolerância com todos os pesquisadores-populares-periféricos críticos. O que fazer? Como criar espaços de compartilhamentos e vivências reais e saudáveis?

Agradeço muitíssimo ao meu pai Sr. Pedro Pereira da Costa, pois ele frequentou pouco a escola, comenta que só frequentou até o ensino fundamental, no norte de Minas Gerais e em São Paulo, porém sei muito bem, que ele compreende os meandros engessado das instituições. E dizia: *"Tenha esperança. Tenha fé. Está no forno, está a caminho como a cerâmica, uma hora vai sair. Acredite!"* Isso ele remeteu a seu tempo de trabalhador na olaria, tempo de abrir caminho na mata, de conhecer tipos diferenciados de barro, um antropólogo sem formação, quando jovem. Agradeço a minha mãe Sra. Maria Aparecida Cezar, que sempre me incentivou nos estudos, e dizia, *"estude meu filho, só a educação liberta."*

Um dia, Andreia Pantano comentou que iria ter um evento na Unesp, e que talvez seria interessante publicar uma parte do trabalho neste evento. Participei com um resumo e apresentação de comunicação, no entanto sai da sala com muitas ideias e referências que foram indicadas para a finalização do trabalho. Agradeço, por ser a primeira leitora deste texto, acompanhou toda a trajetória de investigação, com suas correções, força e delicadeza. Muitíssimo Obrigado!

À professora Regina Maria Pavanello, que temos desenvolvido e publicado diversos trabalhos juntos, sempre mergulhada na pesquisa, teoriação, indicou referências e faz críticas ao abandono escolar e ao sistema educacional brasileiro. Temos criado um laço de amizade. Ao professor Francisco Cláudio Alves Marques (pesquisador-popular), que um dia me disse, "Alberto não vale a pena se desgastar com isso. Se distancie da investigação, fique como pesquisador olhando de longe. Não entre nesse espiral. " Amigo Francisco grato pela camaradagem, revolução multi/inter/trans/pessoal, obrigado pela leitura atenta e correções textuais. Apontando um caminho para que esta publicação pudesse vir à tona. Caminhando pelos campos periféricos e pelo centro da metrópole lugar de formação e espaços de convivência, meu irmão professor Anderson Costa, me escreve um e-mail dizendo que deseja elaborar um projeto de pesquisa, de geocidadania em um bairro da periferia. Anderson companheiro de fé e esperança, utópico que luta em prol de um mundo melhor, mais justo, igualitário e fraterno. Ao professor Josué Santana conhecido de muito tempo que busca refúgios na literatura que retrata os proletariados e os marginais que habitam as periferias das cidades.

Recebi pareceres positivos do livro, porém alguns estavam preocupados em mudar isso e aquilo, em tirar o título, mudar o subtítulo, em não publicar na coleção x ou y da área de educação matemática. Algumas editoras diziam que a obra é excelente, porém que não fazia parte do escopo da editora, ou que faziam, pois teria que esperar muito na fila para publicação. Não pensei duas vezes, quando a obra foi aceita em duas editoras ao mesmo tempo para publicação Editora Kotter e outra Editora, analisei os dois pareceres, e percebi que a Editora Kotter estava mais próxima das concepções que a obra exigia.

Quando me deparei com um parecer técnico, muito interessante da Editora Kotter, isso me deixou muito feliz, pois a editora trabalha com viés político que me agrada, e isto, é importante para autores que buscam um outro modo de publicação, de apresentar sua pesquisa, e o seu trabalho para a comunidade. Creio que o livro seja um caminho para acessar e alcançar leitores extramuros acadêmicos. Grato aos editores.

Com maestria o professor José Carlos Miguel tem participado dos projetos freireanos que tenho proporcionado na universidade, ora online, ora presencial, um abraço fraterno. À Angélica Carvalho Lemos pela parceria nos projetos atuais de extensão universitária, temos costurado o Projeto Identidade do Artesanato de Tradição Cultural de Uberaba, MG e o Projeto Deixar a Boca Cheia D'Água de Peirópolis, uma imersão na arte popular e cultura popular local do Triângulo Mineiro/ Minas Gerais. Aos discentes que participam do Programa de Extensão Universitária Interfaces entre Artes, Ciências & Matemática da UFTM e aos meus alunos do Curso de Licenciatura em Educação do Campo que não podem e não devem serem agenciados por um sistema de opressão.

Por fim, agradeço toda a comunidade do campo, ribeirinhos, morros e vielas, periférica e popular que anseiam por uma Pedagogia dos Sonhos Possíveis[1].

A
Ana, Isabel e Mariana
Lucas Costa
Pedro Pereira
Luiza que acabou de chegar

Um abraço fraterno

Tarde de sol e ventania, Uberaba | MG, agosto de 2022

Alberto Costa

[1] Para maiores informações recomendo a leitura: FREIRE, P. *Pedagogia dos Sonhos Possíveis*. In: Ana Maria Araújo Freire (Org.). São Paulo: Editora UNESP, 2001.

Sumário

Apresentação

Aliando espírito crítico e sensibilidade poética

Três palavras sintetizam este trabalho: matemática, filosofia e poesia. O que era para ser uma investigação sobre a licenciatura da educação do campo com habilitação em matemática, tratada com base na educação popular, tornou-se um estudo de relativa abrangência quando a complexidade da proposta exigiu que o autor adentrasse as veredas históricas da educação no Brasil.

A constante busca por dados e fatos que dessem conta de percorrer, com uma visada crítica, os meandros históricos e filosóficos do ensino no Brasil, das escolas jesuíticas às atuais escolas do campo, norteou a trajetória de Alberto Luiz Pereira da Costa por diversas veredas epistemológicas que, de início, pareciam inconciliáveis, mas que, ao fim e ao cabo, acabaram convergindo para a comprovação das hipóteses e para o estabelecimento de algumas respostas às inquietações que se impuseram ao longo da pesquisa.

Aliando espírito crítico e sensibilidade poética, o autor visitou poetas e filósofos como Pessoa e Drummond, Benjamin e Foucault, para tratar de questões que relacionam educação, ensino da matemática, história, política e resistência – resistência, aliás, por suas múltiplas faces. Por um lado, resistência ao cumprimento do estágio supervisionado em matemática, o que o autor atribui, em parte, não à simples apatia da comunidade universitária, mas também à forte vinculação do plano de estágio analisado a práticas educacionais não condizentes com a realidade do público-alvo: o aluno do campo. Por outro, resistência política e ideológica à implantação do curso de Licenciatura em Educação do Campo na instituição federal investigada; e esta se sobressaiu como uma das maiores preocupações do autor deste trabalho. Foram os referidos entraves políticos-ideológicos e as inquietações relacionadas que impulsionaram a busca, nos quatro capítulos que compõem este trabalho, dos porquês por trás das estatísticas e das contradições do sistema educacional brasileiro.

Causou espanto ao autor de *O Abandono da Educação do Campo no Brasil: pistas para uma educação matemática descolonial* o fato de existirem ainda algumas escolas, inclusive nas zonas rurais e nas periferias do Brasil, que adotam grades de ferro para manter os alunos no interior dos estabelecimentos, à semelhança das escolas do século XVIII, as quais, segundo Foucault (2007), ordenavam os alunos por "classe" e "fileiras" para mantê-los sob os "olhares do mestre". Ao seguir os rastros dessas práticas, deparou-se, ainda nos tempos da casa grande, com meninos sisudos e de ar tristonho, com cabelos bem penteados, vestidos de preto e de colarinho duro; meninos que aos sete anos já sabiam de cor os nomes das capitais europeias, as quatro operações, declinar em latim e recitar em francês: "uns homenzinhos à força", no dizer de Gilberto Freyre, ao que, mais tarde, teria reagido jocosamente Darcy Ribeiro: "Civilização nos trópicos não dá!"

Dos cafuás para punir meninos que não soubessem a lição para as grades instaladas nas escolas atuais passaram-se pouco mais de algumas décadas, haja vista que até meados do século XIX, quando as primeiras estradas de ferro começaram a adentrar o interior do Brasil, a educação ficava restrita a casa e à vigilância de padres e professores particulares contratados para "desasnar" as crianças.

De Canudos ao Movimento Sem Terra o homem do campo traça um longo caminho de lutas contra o sistema, com vistas a terra para o plantio de subsistência e à educação de seus filhos. Tratando do papel social da escola brasileira nesse meio tempo, o autor assevera, à luz de Bourdieu, que, "Ao atribuir aos indivíduos esperanças de vida escolar estritamente dimensionada pela sua posição na hierarquia social, e operando uma seleção [...] sob as aparências da equidade formal", a escola, assim constituída, sancionou e consagrou as desigualdades reais, contribuindo para perpetuá-las e legitimá-las.

Quando a atenção do autor se volta para o ensino da matemática no âmbito da educação do campo, destaca que, desde seus primórdios, a matéria não era adotada como ferramenta para a resolução de problemas práticos, uma vez que, desde a época imperial, integrava apenas currículos voltados para a formação de advogados, médicos e engenheiros. Apesar de aparecer nos programas dos cursos de física desde o século XVII, durante mais de um século reservou-se à matemática um "lugar marginal" quando se tratou de incluí-la na abertura de novos cursos.

A quebra desse paradigma foi ocorrendo muito lentamente, e ao longo do trabalho o autor seguiu revisitando autores, documentos, leis, decretos, portarias e artigos que ora ajudaram a travar, ora contribuíram para o sucesso da implantação dos cursos de educação do campo nas instituições públicas brasileiras. Dentre os caminhos trilhados para a efetivação de uma escola do campo mais eficiente e focada no seu objeto, destacou-se aquele traçado por Paulo Freire. O trabalho procurou seguir, *ipsis litteris*, as ideias do educador brasileiro; de cada uma das obras de Freire consultadas, o autor recolheu ideias e fundamentos teóricos capazes de responder perguntas e sustentar as hipóteses levantadas ao longo do texto.

Nos três capítulos subsequentes, defende a importância do estágio supervisionado para a formação docente, salientando que o local do estágio é também um lugar a ser construído tendo em vista que é ali que o aluno estagiário passará a residir boa parte de sua vida profissional depois de sua formação. Segundo o autor, é na escola que o estagiário, e depois futuro professor, passará parte de seu tempo: "é o espaço onde ele vai se 'de-morar', 'habitar', na acepção de Heidegger." Embora tenha estranhado certa resistência por parte dos alunos ao cumprimento do estágio, e estabelecido críticas associando o fato a uma suposta má vontade ou influência político-ideológica, conclui, depois de fazer algumas ponderações amparadas em Benjamin, que o problema não reside apenas no estudantado, mas no sistema educacional brasileiro, inclusive nos currículos, que visam apenas a creditação de horas e um diploma de conclusão. Serviu de apoio ao autor o ensaio "A vida dos estudantes", de 1915, em que Benjamin critica as universidades alemãs por cultivarem o ensino da "ciência" e da profissão com vistas apenas à obtenção de títulos e certificados, escusando-se de promover uma formação vinculada à arte e à cultura: "A deformação do espírito criador em espírito profissional [...] apossou-se por inteiro da universidade, isolando-a da vida intelectual criativa", de modo que "[...] o estranhamento hostil e a incompreensão da escola perante a vida – uma vida que precisa da arte – podem ser interpretados como recusa da criação imediata, não ligada à profissão." Nada mais atual.

Quando entra na análise da documentação relativa à implantação do curso de licenciatura em educação do campo, ao estágio supervisionado em matemática e ao plano de curso da referida licenciatura, bem como aos trâmites relacionados, a discussão envereda para uma crítica mais contundente. "E agora José?/A festa acabou, /a luz apagou,/o povo sumiu [...]". O recurso à ironia drummondiana chama a atenção do leitor para os entraves políticos e as vontades que se impuseram contrariamente à implantação do referido curso de licenciatura na instituição estudada. Recorrendo ainda à ironia do poeta itabirano e à sua metafórica "pedra no meio do caminho", o autor associa tais obstáculos aos legítimos representantes do sistema, os quais, nos colegiados ou nos bastidores, agiram ou por interesse próprio, ou político, ou ainda porque continuavam insistindo na manutenção de modelos educacionais não condizentes com a realidade e as necessidades mais prementes de seu público alvo: os alunos da escola do campo.

Com o sistema à mira, o autor conclui reforçando a importância do estágio supervisionado no processo de formação do futuro professor e para a valorização do magistério. Retoma mais uma vez Paulo Freire, ponderando que não existe neutralidade na educação, haja vista que ensinar é um ato político que não pode prescindir da "realidade" do aluno.

Depois de chamar a atenção para os "desiguais" – "desiguais em condições de vida, de emprego, moradia, saúde, escolarização, letramento, nível de renda" (Arroyo, 2014) – que compõem boa parte da sociedade brasileira, o professor Alberto L. P. da Costa se utiliza da metáfora do "pássaro vivendo na gaiola", de Ubiratan D´Ambrosio (2017), para enfatizar que os sujeitos que vivem à margem da sociedade, e dela não conseguem sair em virtude das condições de existência que o poder público impõe, assemelham-se a pássaros presos na gaiola: "alimentam-se do que encontram na gaiola, voam só no espaço da gaiola, procriam, repetem-se e só veem e sentem o que as grades permitem."

Muito mais ficará sabendo o leitor ao folhear esta obra, que é também um convite.

Francisco Cláudio Alves Marques
Faculdade de Ciências e Letras (FCL/UNESP)
Universidade Estadual Paulista

Assis, SP, maio de 2021

PREFÁCIO

Movimento de descolonização da educação escolar

É oportuno saber dizer como este prefácio não intenciona descrever o livro apenas em sua estrutura e desenho temático, mas sobretudo em suas intensidades e provocações investigativas necessárias quando se quer seguir agindo livremente na comum-responsabilidade das ações que tocam o mundo da vida e consideram o acontecimento da singularidade marginal dos estudantes que vivem no campo e que trabalham no campo, ou que são os que fugiram do campo para trabalhar na megalópole da vez. Portanto, o prefácio é uma ressonância própria e apropriada da obra que é este livro fruto de mais um projeto de pesquisa exitoso de seu brilhante autor, que muito gentilmente me convidou para prefaciar seu novo livro.

O precioso e oportuno livro do professor e pesquisador Alberto Luiz Pereira da Costa, *O abandono da Educação do Campo: pistas para uma educação matemática descolonial,* nos enche de admiração pela sua perspectiva crítica e engajada em uma compreensão de formação docente implicada com o pleno florescimento humano em sua radical concretude histórica e pelo compromisso inadiável de uma Educação do Campo promotora da Educação Popular dos trabalhadores do campo, pela via da emancipação radical e pelo reconhecimento acadêmico da especificidade da formação de licenciados para lidar com a Educação do Campo em sua condição efetiva, sua diferença própria e radical. O professor Alberto Costa investigou a formação do licenciado em Matemática do Curso de Licenciatura em Educação do Campo, com habilitação em Matemática, curso oferecido por uma Universidade Pública. Foi a partir de sua experiência como docente do componente curricular Estágio Supervisionado em Matemática I, sua área de formação, conhecimento e atuação docente, que de maneira admirável germinou um estudo interdisciplinar e até mesmo transdisciplinar não colonial, a partir do momento em que a etnomatemática aparece como o horizonte formativo do ensino da matemática, sendo a base histórica e crítica para compreender as relações de poder, a política é revelada no modo como o autor rege a sua obra e a oferece como contribuição ao campo da formação do professor que visa identificar e equacionar os seus problemas concretos para dissolvê-los pela ação inteligente e sensível caso a caso, que é sempre uma ação coletivamente partilhada pela prática radical da liberdade.

Movido por uma questão de pesquisa, "Como tem se constituído a Licenciatura em Educação do Campo com habilitação em Matemática no contexto da disciplina de Estágio Supervisionado em Matemática I?", Alberto Costa adentra no universo histórico que formou a sociedade brasileira na separação entre casa-grande e senzala, também entre o urbano e o rural, entre o senhor e o trabalhador, o rico e o pobre, apropriando-se com consistência de aspectos da obra de Gilberto Freyre para mostrar a constituição social e histórica de uma mentalidade nacional marcada pela desigualdade social e pela anulação dos povos originários e dos que foram trazidos do continente africano como escravos e todos os descendentes que daí germinaram, os que constituem com a sua singularidade a nação brasileira ainda em construção e necessariamente dependente de sua agricultura familiar que alimenta a maior parte da população, pela existência de grupos formados de camponeses, entre eles a Via Campesina, que é uma organização internacional que reúne movimentos sociais de origem camponesa, como nos informa o autor, a Comissão Pastoral da Terra (CPT), o Movimento dos Trabalhadores Rurais Sem Terra (MST), o Movimento de Mulheres Camponesas (MMC), Movimento dos Atingidos por Barragens (MAB), Movimento dos Pequenos

Agricultores (MPA), e mais o Movimento dos Trabalhadores Sem Teto (MTST), citando apenas os principais.

Ora, como calar a voz da história efetiva do Brasil em sua face ainda não contemplada de justiça social e igualdade ontológica radical, igualdade para todos e todas sem deixar nada e ninguém de fora? O espantoso é que há um filósofo e educador do quilate de Paulo Freire que forneceu a modulação pedagógica de uma Educação Popular, e que abriu o campo da comunicação dialógica da Educação do Campo e da Educação de Jovens e Adultos (EJA) como grandes desafios da descolonização fundamental para promover uma consciência ética e política de comum-pertencimento entre o ser humano e a natureza em sua vastidão e infinitude e um senso de nacionalidade e racionalidade comum-responsável que reúne todas as cores e matizes, as etnias que formaram o ser brasileiro múltiplo e profundamente enraizado em sua terra, em seu local-global, mas que ainda se encontra no desconhecimento intencional da classe social colonizadora e das narrativas oficiais da servidão involuntária e voluntária.

Trata-se, portanto, de um clamor de vaga-lumes constatando o abandono em curso da Educação do Campo. Por qual motivo a Educação do Campo está sendo abandonada? E se constata também em diversas frentes o abandono da Educação Popular para Jovens e Adultos (EJA), que é a versão urbana da Educação do Campo, ou melhor, o problema do abandono da Educação do Campo é o mesmo problema do abandono da Educação de Jovens e Adultos. Este livro não trata da EJA, mas tangencia o mesmo campo da Educação Popular que é comum à Educação do Campo e à EJA.

Sim, a questão é a de garantir uma educação de qualidade que abarque as peculiaridades dos contextos sócio-históricos diferentes na realidade campesina e no contexto de marginalização do popular no urbano, em que a tarefa de educar é o desafio incontornável, mas em condições extremamente pobres e diante de pessoas que ultrapassaram a medida do normal competitivo e excludente, os que não estão mais na idade padrão para a escolarização básica. A riqueza aqui é encontrar uma Licenciatura em Matemática orientada para o diálogo com o contexto específico da Educação do Campo, o que apresenta tacitamente uma orientação para o estabelecimento de relações político-pedagógicas com os grupos populares pelo reconhecimento e consideração do seu saber-fazer efetivo. Evidentemente, pensando com Ubiratan D'Ambrosio, considerando o meio ambiente ou realidade natural juntamente com o comportamento social e cultural, vislumbra-se um grande desafio de uma educação matemática que consiste em uma aprendizagem prática da capacidade de cálculo sem perder de vista o mais importante, que não é formar especialistas em matemática e sim cidadãos capazes de raciocinar matematicamente a partir de seu meio sociocultural e suas circunstâncias concretas.

Reconhecer que há uma fronteira tríplice entre o campo, movimentos sociais e educação do campo permite abrir o horizonte compreensivo para o necessário movimento de descolonização da educação escolar como está posta no regime disciplinar vigente ainda reificador das estruturas patriarcais, machistas, misóginas, homofóbicas, racistas e desiguais socialmente. O que se pode perceber é como os grupos formados por camponeses contribuem decisivamente para a investigação que tangencia os direitos trabalhistas, incluindo a reforma agrária e a luta por uma melhor qualidade de vida e da educação no Brasil. Por que este é um campo tão desprezado quando revela ser o lugar da transformação e da criação do mais avançado em ideias e modos de ser?

Assim, somos todos responsáveis por impedir os grupos campesinos de florescer em sua potência maior quando uma educação encontra uma pedagogia adequada para promover o pleno ser popular do campo e da cidade. Essa é uma tarefa que está por ser feita ainda, porque o que já se fez não foi ainda suficiente para tirar a educação escolar brasileira do século XIX para lançá-la nos espaços intangíveis do século XXI. Porque para entendermos a estrutura desigual das classes sociais precisamos estudar longamente a história das culturas e povos já existentes. A compreensão da estrutura desigual leva à educação libertadora, seja no campo ou na cidade, pois não se trata de oferecer menos e sim de realizar o mais que é sempre inesperado e inventivo. Na perspectiva, por exemplo, de Bakhtin a vida é dialógica por natureza, e no diálogo a comunicação proporciona a partilha de entendimento entre pessoas sem que exista a necessidade abstrata de neutralidade na linguagem, porque não se está falando de números e sim de seres humanos e seus afetos incorporados.

Essa última figuração serve para nos chamar a atenção de que estamos de fato em um universo multirreferenciado e polilógico em que não cabe reduções indevidas quando se trata da Educação do Campo e da Educação Popular, e sim modos inteligentes de ultrapassar as barreiras impostas pelos preconceitos que oprimem a potência humana ao invés de expandi-la e aumentá-la em sua plenitude sábia e partilhada, desde as periferias campesinas e urbanas, em que a emergência de aprender é maior e de vital importância. Sem hesitação, outra contribuição evidente deste livro de Alberto Costa é a quase inexistência de trabalhos de pesquisa que tenham investigado o papel da disciplina de Estágio Supervisionado na Licenciatura em Educação do Campo com habilitação em Matemática, e isso dando conta de relatar, como diz Alberto, o que realmente ocorre durante seu desenvolvimento, em primeiro lugar em relação aos saberes necessários para a prática docente dos licenciados em Matemática nas escolas do campo.

Entretanto, "E agora José? E agora você?" E o poeta renasce toda vez que outro poeta lê e ressoa o seu poema. E então, e agora você interrogado desde a medula? Sim, o que se diz não é o que se faz, apesar de que deveria ser uma dialógica entre o dizer e o fazer. Mas não, o que se tem dito não tem correspondido ao que se tem feito. Pensem em uma saga acadêmica de implantação de um curso novo e nas condições das universidades federais ou públicas brasileiras atuais. O que leva à escuta e apreciação do que foi escrito como meio de comunicação para alcançar o âmbito público sem reservas ou restrições. Sim, é claro que a consideração hoje de uma Educação do Campo tenha uma forte conexão com a cidade, porque já vivemos em uma sociedade global em rede, mesmo sabendo que ainda é um mundo para poucos, sendo uma grande maioria excluída e invisibilizada pelas ações dos magnatas do dinheiro e do lucro contra a própria vida sustentável.

É grande o mérito deste livro ao tratar com maestria de um campo de formação em Educação Matemática em conexão com as emergências inadiáveis da condição humana, que precisa dar conta de ultrapassar a barbárie de ideologias que não querem distribuir a riqueza produzida pela classe trabalhadora, e que se afirmam pela mais-valia cada vez mais nazicapitalista e necropolítica. Sem dúvida, há muito a ser feito para que as populações campesinas possam ter acesso à formação mais avançada da atualidade, não apenas pelos meios técnicos, sobretudo a insubstituível preparação do ser humano para lidar com os que aprendem desde o campo em que se encontram existindo no mundo tornado uma grande província global, mesmo que seja fundamental estar em seu próprio local para ser global. É premente como a educação nacional deve necessariamente descolonizar seus dispositivos de controle para promover o florescimento das classes trabalhadoras e populares, em benefício do seu projeto comum de nação potente pela sua diversidade, multirreferencialidade e inteligência sensível e afetivamente compassiva e amorosa, polilógica, polifônica, polissêmica, policênica.

A revolução necessária é aquela em que a totalidade dos brasileiros poderá participar a partir de sua educação popular libertadora da servidão colonizadora, o que requer novos educadores e novos projetos ousados para a instituição de uma educação pública garantida para um número crescente de pessoas na maior qualidade possível, sem que se faça economia de investimentos imprescindíveis, porque educar o povo brasileiro para o Bem Viver é uma tarefa grandiosa que poderá constituir as bases de uma civilização eticamente combatente contra toda forma de barbárie e desigualdade social, de fome e de guerras insanas por mais dinheiro.

Parabéns professor Alberto Costa por partilhar o seu sonho-pesquisa em forma de livro para difundir a necessária revolução espiritual da Educação do Campo e da Cidade e da Educação Popular pelo compromisso com o fazer próprio e apropriado, afirmando justiça e equidade, luta contra a opressão e desigualdade, luta pelo compartilhamento da formação crítica e do salto de natureza em relação à gestão inteligente da vida, contra a mais-valia capitalista que insiste em destruir e excluir, quando a única saída é a ética do cuidado incondicional de todos com tudo e com todos, para que seja plena a vida do povo e do trabalhador que ainda cultiva a terra e distribui o que colhe para saciar a fome dos que clamam por justiça e dignidade incomparável.

Dante Augusto Galeffi
Professor Titular da UFBA

Salvador, BA, junho de 2022

Pistas para descolonizar na raíz

É um tempo em que os "conselheiros pérfidos" estão em plena glória luminosa, enquanto os resistentes de todos os tipos, ativos ou "passivos", se transformam em vaga-lumes fugidios tentando se fazer tão discretos quanto possível, continuando ao mesmo tempo a emitir seus sinais.
Georges Didi-Huberman

Este trabalho é fruto de pesquisa a priori muito específica, relacionada com a disciplina de Estágio Supervisionado em Matemática I de uma universidade federal situada em Minas Gerais, doravante referenciada apenas pela sigla UF. De início, a pesquisa tinha como principal objetivo investigar o contexto do Estágio Supervisionado em Matemática I na constituição do Curso de Licenciatura em Educação do Campo da referida instituição federal, na formação do professor com habilitação em Matemática com vistas a atuar nas escolas do campo. Logo de início uma pergunta se impôs: "Como tem se constituído a Licenciatura em Educação do Campo com habilitação em Matemática no contexto da disciplina de Estágio Supervisionado em Matemática I?" Apesar da especificidade do objeto investigado, outras indagações, relacionadas com a prática pedagógica de modo geral, foram surgindo ao longo desta pesquisa, conduzindo o debate por outras veredas relacionadas.

A fim de sustentarmos parte das hipóteses apresentadas ao longo deste trabalho, recorremos a autores de diferentes áreas do conhecimento, os quais contribuíram substantivamente para que atingíssemos parte de nossos objetivos. Dentre os pesquisadores arrolados na elaboração deste trabalho, destacamos: Ana Maria Araújo Freire e Walter Oliveira (2016), Boris Fausto (1995), Darcy Ribeiro (2015), Florestan Fernandes (1963, 1968), José de Souza Martins (2014, 2015), Moisey M. Pistrak (2009, 2011), Karl Marx e Engels (1998, 1999), Paulo Freire (1987, 1994, 1996, 2008, 2011, 2013, 2013a, 2013b, 2014a, 2014b, 2014c, 2014d, 2015), Ubiratan D'Ambrosio (1986, 1990, 1996, 1997), dentre outros. Esses autores foram consultados pelo fato de abordarem questões importantes sobre história, sociedade e educação e que ajudaram a lançar luz sobre algumas das demandas envolvendo a questão do Estágio Supervisionado em Educação do Campo.

O referencial teórico e crítico utilizado na elaboração deste trabalho, especialmente as obras de Paulo Freire, dentre outras, nos levou a expressivos caminhos reflexivos norteadores de um debate mais amplo, relativo à educação matemática no Brasil e à prática pedagógica. Faz tempo que andamos na corda bamba na busca por caminhos para o desenvolvimento de ações educativas efetivas com vistas à escola e à comunidade a qual pertencemos. No que se refere à formação de professores, estamos vivenciando tensões e conflitos que golpeiam a classe trabalhadora de todos os lados, inclusive e principalmente por parte do poder público. Os profissionais da educação, mais especificamente aqueles envolvidos com o Ensino Fundamental e Médio, são exemplos de trabalhadores da educação, em meio a tantos outros, severamente atingidos. Os profissionais dessa categoria vêm sendo, cada vez mais, submetidos a uma série de exigências, as quais, na maioria das vezes, não contemplam as necessidades essenciais que se impõem cotidianamente. Isso incide, conforme Paulo Freire, nos "próprios conteúdos a serem ensinados que não podem ser totalmente estranhos àquela cotidianidade. O que acontece, no meio popular, nas periferias das cidades, nos campos – trabalhadores urbanos e rurais." (FREIRE, 2014c, p. 33)

Quando tratamos do papel do professor e de sua pedagogia, entrelaçada aos interesses e necessidades dos educandos, não podemos deixar de levar em consideração uma cadeia de fatores que determinam o processo educativo, como a circunstância local e o contexto em que tal processo se desenrola. Nesse contexto muitos entraves se impõem, levando o profissional da educação a se perguntar se a carreira é satisfatória ou não, pois, segundo Regina M. Pavanello (2002, p. 72), "As intervenções governamentais no âmbito educacional, longe de contribuírem para sanar os problemas essenciais do setor, têm gerado mais insegurança e confusão para todos os envolvidos na profissão docente." Nessa conjuntura devemos levar em conta questões relativas às dimensões sociais, econômicas, culturais e políticas, pois estas são inerentes à liberdade buscada com vistas à igualdade e à justiça.

Na tentativa de evidenciarmos a importância da teoria e da prática vivenciada na disciplina de Estágio Supervisionado em Matemática I, nos deparamos com uma série de entraves para a realização do Estágio Supervisionado do curso de Licenciatura em Educação do Campo, que refletem uma concepção de estágio que não leva em conta a autonomia, respaldada por lei, do docente em sua prática educativa, mais especificamente com relação à disciplina que leciona. Aconselha-se acolher a LDB, Lei nº 9.394 de 20 de dezembro de 1996, cujo texto teve como relator Darcy Ribeiro, e que em seu artigo 56 destaca: "As instituições públicas de educação superior obedecerão ao princípio da *gestão democrática*, assegurada a existência de órgãos colegiados deliberativos, de que participarão os segmentos da comunidade institucional, local e regional." (MINISTÉRIO DA EDUCAÇÃO/LDB, 20/12/1996)

Algumas dessas diretrizes nos levam a indagar o que induz alguns alunos a não levarem a sério o fazer e aprender no processo do ensino e aprendizagem, além do contrato didático pedagógico em um curso de formação de professores. Apesar da Lei 9394/96, que respalda a autonomia da universidade no Artigo 53[1], o que se observa é uma certa subordinação à conjuntura atual da educação nacional, semelhante àquela exposta por Freyre (2003). Este tema será abordado no próximo tópico deste trabalho, quando adentraremos os meandros da educação

[1] Para maiores informações ver o Artigo 53 da LDB, 1996. "No exercício de sua autonomia, são asseguradas às universidades, sem prejuízo de outras, as seguintes atribuições: Parágrafo único. Para garantir a autonomia didático-científica das universidades, caberá aos seus colegiados de ensino e pesquisa decidir, dentro dos recursos orçamentários disponíveis, sobre: os incisos I a VI". (MEC/LDB, 1996)

brasileira na zona rural em tempos de imigração e constituição do ensino nas fazendas.

É do conhecimento de todos que a profissão docente não é reconhecida como realmente deveria ser. Quanto à carreira de professor da educação básica, cabe destacar que existe uma reclamação geral a respeito dos salários, da autonomia do professor e da escola, e especialmente das condições de trabalho. Essas contradições foram apontadas ao longo de toda a obra de Paulo Freire (2001, p. 218): "Não é possível que os deputados se reúnam e aumentem seus salários em porcentagens fantásticas e não aumentem os salários das outras categorias, dos professores." Apontamos, entre tantas outras, a falta de incentivo salarial e as baixas perspectivas de condições de trabalho como duas das principais causas do crescente esvaziamento dos cursos de licenciatura.

A Secretaria de Educação Continuada, Alfabetização, Diversidade e Inclusão – SECADI –, seguindo a política de Educação do Campo e o Programa Nacional de Educação na Reforma Agrária – PRONERA – por meio do Decreto nº 7.352, manifesta o interesse no "acesso à educação superior, com prioridade para a formação de professores do campo." (BRASIL, 2010, p. 2) Considerando o Estágio Supervisionado I como uma das portas de entrada para a profissão docente, optamos por analisar o curso de Licenciatura em Educação do Campo, uma vez que é um curso novo nas universidades, com respaldo da SECADI / MEC, e também porque nos apresenta uma proposta de ensino com vistas à valorização das pessoas do campo. Percebendo que a disciplina tem um considerável valor socioeducativo, e que os futuros professores terão como base o estímulo à carreira por meio das questões vivenciadas e que são tratadas na ação educativa no momento do Estágio Supervisionado, pensamos ser este um campo importante a ser explorado. Nesse sentido, o estudante que está disposto a seguir o caminho da docência, deverá percorrer alguns atalhos[2] necessários

[2] Compreendemos por *atalhos* o caminho percorrido ao longo da licenciatura para a obtenção de recursos. O aluno que atua nesse contexto saberá *a priori* que a profissão docente, nos dias atuais, não apresenta remuneração satisfatória. É importante mencionar que um aluno, ao escolher um curso de licenciatura, na maioria das vezes não consegue bolsa de estudo no processo de formação inicial, pois o estágio nas escolas não é remunerado. Atualmente, existem alguns projetos, mas ainda não suprem a necessidade de todos os educandos.

às conquistas no mundo do trabalho, antes de ingressar no posto de atuação, e o estágio tem essa característica de dar ao estudante uma visão de sua futura carreira.

Nos últimos anos, os órgãos competentes para a supervisão dos cursos de licenciatura dirigiram um olhar mais atento para as disciplinas pedagógicas. Dessa forma, o aumento da carga horária tem sido discutido e implantado nas licenciaturas, fazendo com que os cursos se ajustem à nova carga horária de disciplinas pedagógicas. Assim, neste trabalho faremos uma reflexão a respeito da Educação na disciplina de Estágio Supervisionado I em um curso de Licenciatura em Educação do Campo com habilitação em Ciências Naturais e Matemática.

Autores como Freire (1987, 1994, 1996, 2011, 2014a) e D'Ambrosio (1986, 1990, 1996), que tratam da Alfabetização e do ensino *a posteriori* na ação educativa, serviram de suporte para esta investigação. Paulo Freire tem um extenso trabalho voltado para a Educação Popular, incluindo os trabalhadores do campo (FREIRE, 1994, 1996, 2011). Por outro lado, o sociólogo Gilberto Freyre (1963, 2003) realizou importantes estudos referentes aos brasileiros que tiveram acesso à escola e à educação desde o tempo da colônia. Enquanto Paulo Freire (1996, p. 81) afirma "não posso de maneira alguma, nas minhas relações político-pedagógicas com os grupos populares, desconsiderar seu saber de experiência feito", Ubiratan D'Ambrosio destaca que convém levar em consideração "o meio ambiente ou realidade física e natural e também, o que é ainda mais importante, a realidade social e cultural." (D'AMBROSIO, 1986, p. 60)

No primeiro capítulo deste trabalho enveredamos pelas trilhas da história da educação no Brasil, estudamos a composição do campesinato no Brasil e a formação da base educacional em tempos de casa-grande e senzala. No segundo capítulo apresentamos algumas considerações de Paulo Freire relativas à educação popular, voltada para uma camada da sociedade que se encontra à margem do contexto econômico, social e cultural. Neste mesmo capítulo buscamos relacionar a educação matemática desenvolvida em contextos culturais em conexão com a

Segundo Freire (2001, p. 220): "Quando o governo diz: É claro que o professor tem o direito de ganhar mais, mas não tem dinheiro, isso é uma hipocrisia, é mentira."

etnomatemática, e a sua importância no estágio supervisionado para a formação de professores.

No terceiro capítulo destacamos os caminhos percorridos durante a pesquisa, o objetivo geral, os objetivos específicos e os procedimentos adotados. No quarto e último capítulo realizamos a análise dos dados e a discussão de parte do material coletado durante a investigação. Enfim, nas considerações finais, procuramos discutir o que ocorre, na teoria e na prática, no âmbito da vivência da constituição do curso de Licenciatura em Educação do Campo habilitação em Matemática, bem como destacar a importância do estágio supervisionado em um curso voltado para pessoas oriundas de comunidades adjacentes ou distantes das grandes cidades.

1

A educação no contexto do campesinato no Brasil

A resistência dos camponeses a esta ou àquela forma mais eficaz de trabalho, que implicaria uma maior produtividade, é de natureza cultural.

Paulo Freire

A vinda de imigrantes não portugueses para o Brasil ocorreu paralelamente à crise europeia que se desencadeou no século XIX, embora os significados socioeconômicos tenham ficado por conta do colonizador português, inclusive Florestan Fernandes enxerga na colonização do Brasil uma espécie de "empreendimento colonial português", afirmando que, por um lado,

> A "colonização" do Brasil coincidiu com as etapas finais da crise do mundo medieval na Europa e com a elaboração concomitante das formas sociais que floresceram sobre seus escombros. De outro, que o empreendimento colonial português não acarretava, nem podia acarretar, a transplantação dessas formas sociais em elaboração, com suas tendências históricas características. Ao contrário, a própria "colonização" pressupunha, em terras brasileiras como em outras plagas, a revitalização do regime estamental,

> graças à simbiose entre grande plantação, trabalho escravo e expropriação colonial. (FERNANDES, 1968, p. 22)

As questões envolvendo o campesinato brasileiro e a educação, inclusive a educação universitária, que chegou ao Brasil com certo atraso, constituem dois pilares complexos e envolvem um regime de ações que envolvem plantação, trabalho, desapropriação de terras e a questão educacional, sociohistórica e cultural de nosso país, de acordo com Fernandes (1968). É fato que os imigrantes, em termos sociais e relacionais, se diferenciavam dos escravos e também dos outros nativos, que estavam acostumados a manter uma relação de troca de favores e de gratidão para com os donos da terra e dos meios de produção. Segundo Vitor Nunes Leal (1975, p. 20), "Não é possível, pois, compreender o fenômeno sem referência à nossa estrutura agrária, que fornece a base de sustentação das manifestações de poder privado ainda tão visíveis no interior do Brasil."

Entre o final do século XIX e início do XX, muitos imigrantes partiram de suas terras atraídos pela promessa de que no Brasil teriam trabalho garantido, pois a Europa se encontrava em reestruturação social e econômica. Segundo Otavio Ianni (2009, p. 135-136),

> A história da sociedade nacional, na maioria dos países, compreende muitas manifestações de pequenos produtores rurais. As suas reivindicações e revoltas, de alcance local, regional ou nacional, são acontecimentos sem os quais seria impossível compreender a história nacional.

As disputas por território, trabalho e autonomia entre os imigrantes e os donos de terras foram intensas, pois quem vinha dos países europeus acreditava que o Brasil poderia proporcionar melhor qualidade de vida, com renda e trabalho. As diferenças de classe eram visíveis, conforme José de Souza Martins (2015, p. 52): "Do mesmo modo que, para o fazendeiro, também para o imigrante ser livre era o mesmo que ser proprietário", mas ser proprietário requeria um mecanismo de poder imposto por fazendeiros, que tinham sob seu domínio imigrantes e escravos. Para o rompimento dessa estrutura rígida de longa duração, foram precisos, segundo Alberto P. Guimarães (2009, p. 45), "três séculos de ásperas e contínuas lutas, sangrentas muitas delas, sustentadas pelas populações pobres do campo contra os todo-poderosos senhores da terra, para que, por fim, a despeito de tantos insucessos, despontassem na vida brasileira os embriões da classe camponesa."

Nesse período, segundo Martins (2015), a dinâmica de poder compreendia negociações que envolviam trabalho e submissão; os escravos, com sua força de trabalho, enriqueciam os donos da terra, bens e serviços; o capital era empregado no escravo e se transformava em renda territorial capitalizada, com intuito de empreendimento econômico na formação das fazendas. A política de imigração colocada em prática pelo governo brasileiro não apresentou resultados satisfatórios, conforme Angelo Trento (1989, p. 20): "a mão de obra europeia não é considerada pelos proprietários como alternativa à mão de obra africana, sendo vista, ao contrário, com certa apreensão, já que o regime de ocupação das terras no Brasil era livre e a terra pertencia a quem dela tomasse posse."

O emprego de mão de obra escravista propiciava o acúmulo do capital para os donos da terra, com o trabalho se concretizando na produção oriunda das lavouras. Mesmo com a escrita do regulamento para o direito a terra, ainda assim, não se processou uma reforma que contemplasse todos os trabalhadores que se ocupavam com a agricultura. De acordo com Martins (2015, p. 50), a "Lei de Terras, de 1850, e a legislação subsequente codificaram os interesses combinados de fazendeiros e comerciantes, instituindo as garantias legais e judiciais de continuidades do padrão de exploração da força de trabalho, mesmo que o cativeiro entrasse em colapso."

Ainda de acordo com Martins, à Lei de Terras de 1850 e à legislação subsequente, "Importava menos a garantia de um monopólio de classe sobre a terra do que a garantia de uma oferta compulsória de força de trabalho à grande lavoura" (2015, p. 50-51). A partir daí, o Estado passou a ser o responsável pela base legal do funcionamento, o que provavelmente contribuía para as instâncias ligadas aos fazendeiros, tornando-se assim os trabalhadores imigrantes cada vez mais submissos, sem direito a recursos para a agricultura familiar, o que criava artificialmente, segundo o autor, "a superpopulação relativa de que o café necessitava na real escassez relativa de mão de obra" (MARTINS, 2015, p. 51) no Sudeste do Brasil.

No entanto, para que o estrangeiro se tornasse dono de terras, tinha que ser trabalhador, e segundo Martins (2015, p. 51), trabalhar "foi a fórmula definida para o imigrante na produção do café. Esse imigrante estava essencialmente em antagonismo com o cativeiro, que temia e repudiava, se não para o negro, ao menos para si. Repudiava, igualmente, qualquer identificação com o negro." Os imigrantes geralmente tinham um mínimo de cultura letrada, pois muitos vinham para o Brasil atraídos pela promessa de que teriam terra para o cultivo, diferentemente dos escravos que, segundo diversos autores, como Fernandes (1968) e Freyre (2003), eram reprimidos pelos fazendeiros. Nessa mesma direção, Martins destaca que,

> Embora desiguais, fazendeiros e imigrantes são vinculados entre si por uma igualdade básica, a identidade de quem come na casa-grande. Nesse plano, o imigrante está contraposto à senzala. Condenado a trabalhar, o seu trabalho, na sua interpretação, é radicalmente diferente do trabalho do negro cativo. [...], mas a condição de homem livre para ser concebida como condição compatível com o trabalho tinha que passar por redefinições ideológicas radicais [...]. (MARTINS, 2015, p. 51)

Quando se trata da situação do camponês no Brasil, cabe ressaltar que existia uma diferenciação entre a economia dos fazendeiros brasileiros: enquanto no Sudeste, principalmente nas regiões paulista e fluminense, as fazendas cultivavam o café, no Nordeste do país prosperava o plantio da cana de açúcar. (CANABRAVA, 1977; HEREDIA, 2008; MARTINS, 2015; VELHO, 2009)

No que diz respeito ao campesinato no Brasil, encontramos poucos textos referentes à agricultura familiar, e embora as referências sobre "cultivos ditos de 'subsistência' sejam muito escassos, elas acabam sendo abundantes quando comparadas às referências, quase nulas, sobre a existência dos pequenos produtores que os produziam." (HEREDIA, 2008, p. 40)[3] Assim, de acordo com Beatriz M. A. de

[3] "Partindo da análise dos critérios presentes nas classificações mencionadas e de sua discussão, foi possível delimitar áreas de ocupação histórica dos diversos cultivos (cana e

Heredia, as primeiras ocupações e assentamentos de terras ocorreram no Nordeste do país, principalmente no estado de Alagoas, com o aglomerado de pessoas oriundas de outros territórios para a composição dos engenhos. Heredia observa que "A presença dos engenhos (e, consequentemente, da cana) na área parece inquestionável, mas não constitui elemento suficiente para inferir a ausência de outro tipo de cultivo." (2008, p. 42)

Com a produção diversificada de alimentos – agricultura familiar –, a partir da política de doação de terras[4] ocorre a ampliação e divisão do território brasileiro e, conforme Boris Fausto (1995), o conceito de assentamento ganha sentido nas áreas compostas por povoadores vindos da Europa. A característica dessa massa de escravos e imigrantes nas fazendas e em seus arredores, nos leva à notória classificação de moradia, de educação, de economia, e de convivência em localidade próxima, como destacado por Gilberto Freyre (2003) em *Casa-Grande e Senzala.* Eis um exemplo de engenho de início do século XIX:

Figura 1: Engenho, com senzala, de início do século XIX. Fonte: SILVA, 2006, p. 89.

---

produtos denominados de subsistência) e mostrar que, se ao longo dos séculos a cana se expandiu, deslocando outros cultivos, a presença e mesmo a expansão da cana não significaram historicamente a perda do acesso a terra por parte dos pequenos produtores aí estabelecidos; ao contrário, sua presença se manteve até a década de 1960." (HEREDIA, 2008, p. 41)

[4] "Normas fixadas pela capitania já em 1548, a concessão de sesmarias foi o mecanismo utilizado para a distribuição de terras destinadas ao povoamento dessas áreas." (DIÉGUES JR., 1964 *apud* HEREDIA, 2008, p. 41)

1.1 A educação no meio rural em tempos de casa-grande

Em *Casa-Grande & Senzala* Gilberto Freyre realiza uma pesquisa substanciosa sobre os costumes e as práticas educativas e culturais rurais no Brasil do século XIX. O sociólogo destaca que muitos dos viajantes que nos visitaram ao longo daquele século, foram unânimes na descrição dos "estranhos" episódios da vida brasileira. (FREYRE, 2003, p. 499) Em seu trabalho percebe-se, relativamente à educação em tempos de casa-grande e senzala, que ocorria uma educação de modo severo e inconsequente para os filhos dos fazendeiros, que eram obrigados a comportarem-se como adultos e decorar muitos conteúdos escolares ainda aos sete anos de idade:

> Os meninos, uns homenzinhos à força desde os nove ou dez anos. Obrigados a se comportarem como gente grande: o cabelo bem penteado, às vezes frisado à Menino Jesus; o colarinho duro; calça comprida; roupa preta; botinas pretas; o grave; os gestos sisudos; um ar tristonho de quem acompanha enterro. [...] Aos sete anos já muito menino dizia de cor os nomes das capitais da Europa; os dos "três inimigos da alma"; somava; diminuía; multiplicava; dividia; declinava em latim; recitava em francês. Tirado o retrato da primeira comunhão, de sobrecasaca preta e botinas pretas ou borzeguins – todo esse luto a contrastar com o amarelo desmaiado do rosto anêmico – estava a criança rapaz. (FREYRE, 2003, p. 499-500)

Nesse período, os modos de vida da criança e do adolescente eram regidos por uma rigidez insana, como relatado por alguns estrangeiros que visitaram o Brasil no século XIX. Gilberto Freyre comenta que tínhamos um Brasil quase sem meninos nos tempos de casa-grande e senzala. É visível nos livros de história que tanto o engenho como o seu entorno propiciaram uma maior estabilidade para os moradores daquele ambiente, principalmente no que se refere à ampla mão-de-obra de que dispunha a casa grande. Freyre faz uma descrição das amplas e confortáveis instalações senhoriais situadas na zona rural: "Cozinhas enormes; vastas salas de jantar; numerosos quartos para filhos e hóspedes; capela; puxados para acomodação dos filhos casados, camarinhas no centro para a reclusão quase monástica das moças solteiras, gineceu, senzala." (FREYRE, 2003, p. 43)

Figura 2: Casa-Grande & Senzala. Fonte: FREYRE, 2003.

Figura 3: De edifícios do antigo engenho: fábrica, casa do administrador etc.
Fonte: DAVIDSON, 2011.

Em muitos de seus relatos, os visitantes ingleses mencionam a impressão tristonha que puderam observar no semblante de alguns meninos em aula, os quais recebiam lições em salas inapropriadas e sem condições adequadas para o processo de aprendizagem. O comerciante inglês John Luccock, que esteve no Brasil no início do século XIX, observou "a falta de alegria nos meninos e de vivacidade nos rapazes. A educação da criança pareceu-lhe reduzir-se a esta função melancólica: destruir nos pequenos toda espontaneidade." (*apud* FREYRE, 2003, p. 500)

De acordo com Gilberto Freyre, as conclusões sobre a tristeza e o desconforto dos meninos do século XIX, Luccock as teria elaborado com base na observação direta do comportamento e do semblante desses pequenos brasileiros em sala de aula ou em outros momentos de seu cotidiano,

> De uma escola de meninos que o observador inglês conheceu no Rio ficou-lhe para sempre a impressão tristonha. Viu os pequenos dando lição em salas acanhadas e sem ar. Todos lendo alto ao mesmo tempo. Conheceu também Luccock um colégio de padres no Rio: o Seminário de São José. Viu bandos de colegiais no recreio; todos de batina encarnada. Alguns tonsurados. A maior parte, umas crianças. Não surpreendeu neles nenhuma elasticidade de inteligência. Nenhuma curiosidade de espírito. Nem mesmo boas maneiras. "Olharam-nos com olhar estúpido" (*"they surveyed us with a stupid glare"*), diz Luccock [...]." (*apud* FREYRE, 2003, p. 500)

Segundo Freyre (2003), os meninos da colônia vestiam roupas compridas e abafadas que mais os atrapalhavam do que contribuíam para seu desempenho educacional. Tais vestimentas se baseavam em um figurino europeu que, de certo modo, destoava da nossa cultura e clima, pois além de estarmos situados em um ambiente tropical, tínhamos a desvantagem do atraso no âmbito da educação.

Figura 4: Projeto História da Escola, imagens históricas do Grupo Escolar Maria Iracema Munhoz, em São Bernardo do Campo. Fonte IBGE: A escola foi fundada por volta de 1890, em São Bernardo do Campo. Série: Acervo dos municípios brasileiros. Foto de 1915. Arquivo IBGE. As crianças bem agasalhadas à moda dos europeus, a foto nos remete à visão de Luccock sobre a educação brasileira.

Em *Ensaios Insólitos* o antropólogo Darcy Ribeiro destaca jocosamente questões importantes relacionadas às contradições em torno de algumas práticas culturais e da mestiçagem cultural do povo brasileiro:

> O mais grave, porém, é que além de ser um povo mestiço – [...] – nós somos também um povo tropical. E tropical não dá! Civilização nos trópicos não dá! Tropical é demais. Mas isso não é tudo. Além de mestiço e tropical, [...] além dessas razões, havia a de sermos católicos, de um catolicismo barroco, não é? Um negócio atrasado, extravagante, de rezar em latim e confessar em português. (RIBEIRO, 2015, p. 15)

A citação de Ribeiro nos permite pensar que a localização do país também contribuía consideravelmente para um mau desempenho estrutural, talvez a colonização, a cultura, a miscigenação das etnias, a classe dominante, e todo o arcabouço econômico tenham contribuído com uma parcela expressiva e de peso para movimentar a alavanca enferrujada do progresso brasileiro, como comenta Darcy Ribeiro.

Vale ressaltar que somos um povo que não recebe, desde sempre, incentivo para o ensino das ciências e da matemática, pois desde os primeiros ciclos escolares, segundo Gilberto Freyre, as áreas de ciências, principalmente na colônia, ficavam em segundo plano, como podemos verificar neste excerto em que ele se refere aos "professores poucos versados em ciências." (FREYRE, 2003, p. 500) Isso é mais um indício de que temos um déficit histórico nas áreas de ciências e matemática, desde longas datas, apesar de muitos colonizadores portugueses serem especialistas em pelo menos em uma dessas áreas.

De acordo com Freyre (2003), até a metade do século XIX, quando surgiram as estradas de ferro, o processo educacional, nas regiões interioranas do Brasil, ficava restrito a casa, e os mais abastados tinham como responsáveis os padres ou um professor particular enquanto que a população pobre ficava sem educação:

> As casas-grandes tiveram quase sempre sala de aula, e muitas até cafuá para o menino vadio que não soubesse a lição. Muitas vezes aos meninos se reuniam crias e moleques, todos aprendendo juntos a ler e escrever, a contar e a rezar. Em outros engenhos cresceram em igual ignorância meninos e moleques. (FREYRE, 2003, p. 501)

O surgimento dos colégios no Brasil, principalmente de jesuítas, no início da colonização, depois do aparecimento embora tardio dos seminários e colégios de padre, viabilizou a propagação da cultura educacional brasileira da época. Nos séculos XVI e XVII foi enviada para os colégios de padres uma série de meninos que viviam perambulando pelas regiões rurais do país: "Os filhos de caboclos arrancados de seus pais; filhos de normandos encontrados no mato; filhos de portugueses; mamelucos; meninos órfãos vindo de Lisboa, meninos louros, sardentos, pardos, morenos, e cor de canela." (FREYRE, 2003, p. 501)

Em *Casa-Grande e Senzala* torna-se evidente que apenas os filhos dos escravos negros não faziam parte do rol de estudantes nas escolas. Os negros eram bons para o manuseio de instrumentos musicais; os meninos e os moleques faziam parte do coro nas capelas e nas igrejas, alimentando os brancos com seus dons musicais. Em *China Tropical* Freyre faz referência a um tal Mangue la Bote, senhor de engenho do Recôncavo Baiano que viveu em princípios do século XVII, e que mantinha uma banda de música composta majoritariamente por negros:

> Pois esse Mangue la Bote vivia no seu engenho, em princípios do século XVII, à maneira de grande fidalgo, até banda de música mantinha para alegrar seus jantares. Uma banda de trinta figuras, todos negros, sob a regência de um marselhês. A Mangue la Bote atribuía-se uma fortuna superior a trezentos mil escudos, feitos todos no açúcar ("riche deplus de trois cent mille écus"). (FREYRE, 2003a)

Em alguns engenhos, e na sociedade colonial em geral, além das bandas de música, havia uma série de outras atividades culturais protagonizadas por negros:

> Os pretos foram os músicos da época colonial e do império. Os moleques, meninos de coro nas igrejas. Várias capelas de engenho tiveram coros de negros; várias casas-grandes, conservando a tradição de Mangue la Bote, mantiveram para deleite dos brancos, bandas de música de escravos africanos. No engenho Monjope, em Pernambuco – por muito tempo de uns Carneiro da Cunha que acabaram Barões de Vera Cruz – houve não só banda de música de negros, mas circo de cavalinhos em que os escravos faziam de palhaços e de acrobatas. Muitos acrobatas de circo, sangradores, dentistas, barbeiros e até mestres de menino – tudo isto foram os escravos o Brasil; e não apenas negros de enxada ou de cozinha. Muito menino brasileiro deve ter tido por seu primeiro herói, não nenhum médico, oficial de marinha ou bacharel branco, mas um escravo acrobata que viu executando piruetas difíceis nos circos e bumbas-meu-boi de engenho; ou um negro tocador de pistom ou de flauta. (FREYRE, 2003, p. 505)

Muitos meninos brancos exibiam um brilho no olhar quando tinham a oportunidade de presenciar um escravo improvisando acrobacias e piruetas nas apresentações de circo e de bumba-meu-boi; quando ouviam tocar uma música com instrumentos de sopro ou percussão. Como vimos, além de trabalharem como animadores das festas ou dançarinos, os negros tinham também que ensinar diversas artes aos meninos brancos. Aqueles eram, provavelmente, os professores que a garotada mais admirava. Segundo Gilberto Freyre, aprender com esses professores negros parecia ser muito mais suave do que ser doutrinado por mestres brancos, à força da vara e da palmatória:

> E felizes dos meninos que aprenderam a ler e escrever com professores negros, doces e bons. Devem ter sofrido menos que os outros: alunos de padres, frades, "professores pecuniários", mestres-régios, estes uns ranzinzas terríveis, sempre fungando rapé, velhos caturras de sapatos de fivela e vara de marmelo na mão. Vara ou palmatória. Foi à força de vara e palmatória que 'os antigos' nossos avós e bisavós, aprenderam latim e gramática, doutrina e história sagrada. (FREYRE, 2003, p. 505)

Figura 5: Escola de Capatazes Desembargador Gonzaga: Baturité, CE. Série: Acervo dos municípios brasileiros IBGE, s/d. Escola de trabalhadores rurais. Fonte: IBGE.

Figura 6: Escola localizada na Fazenda Saco do Capim, situada em Boca de Vargem. Bahia; Edifícios escolares; Escolas; Fazendas; Irará (BA). Série: Acervo dos municípios brasileiros IBGE, s/d. Fonte: IBGE.

Figura 7: A escola iniciou-se na década de 1890 em prédio taipa. O prédio abrigou, além de escola, outras repartições como cadeia, correio e telégrafo. E também escravos, que se reuniam no local visando à libertação. O prédio de taipa que foi demolido em 1953. Fonte: MUNHOZ, 2013.

1.2 Os primeiros movimentos sociais do campo no Brasil

Nesta seção convidamos a uma breve reflexão sobre os Movimentos Sociais do Campo no Brasil situados entre o final do século XIX e início do século XX. O historiador Boris Fausto (1995) dividiu esses movimentos em três grupos, destacando que eles desempenharam papel importante no contexto das lutas protagonizadas por pessoas que viviam à margem da vida econômica e social naquele momento da nossa história. Em *História do Brasil* Fausto salienta que os movimentos sociais podem ser separados em três grupos: "1) os que combinaram conteúdos religiosos com carência; 2) os que combinaram conteúdo religioso com reivindicação social; 3) os que expressaram reivindicações sociais sem conteúdo religioso." (1995, p. 257)

O primeiro movimento social considerado autêntico foi a Guerra de Canudos, tendo em Antônio Conselheiro a figura do líder que toma a frente para negociar e combater as mazelas do governo da Bahia. Segundo

Euclides da Cunha, Conselheiro "era famoso em todo o território do interior do norte e mesmo nas cidades do litoral até onde chegavam, entretecidos de exageros e quase lendários, os episódios mais interessantes de sua vida romanesca [...]." (2003, p. 227) Antônio Conselheiro passou parte de sua vida peregrinando pelo sertão, recrutando pessoas para o seguirem; na passagem pelas vilas ou povoados construía igrejas a fim de demarcar o território. Euclides da Cunha relata que Conselheiro, além de ter fundado o arraial de Bom Jesus, conseguiu recrutar vários seguidores: "[...] de Chorrochó à Vila do Conde, de Itapicuru a Jeremoabo, não havia uma só vila, ou lugarejo obscuro, em que não contasse adeptos fervorosos, e não lhe devesse a reconstrução de um cemitério, a posse de um templo ou a dádiva providencial de um açude [...]" (2003, p. 228). Quanto aos feitos de Conselheiro a caminho da crescente insurgência contra o regime político vigente, diz Cunha (*idem*):

> [...] insurgira-se desde muito, atrevidamente, contra a nova ordem política e pisara, impune, sobre as cinzas dos editais das câmaras de cidades que invadira; destroçara completamente, em 1893, forte diligência policial, em Massete, e fizera voltar outra, de 80 praças de linha, que seguira até Serrinha; em 1894, fora, no Congresso Estadual da Bahia, assunto de calorosa discussão na qual impugnando a proposta de um deputado, chamando a atenção dos poderes públicos para a "parte dos sertões perturbada pelo indivíduo Antônio Conselheiro", outros eleitos do povo, e entre eles um sacerdote, apresentaram-no como benemérito do qual os conselheiros se modelavam pela ortodoxia cristã mais rígida; fizera voltar, abortícia, em 1895, a missão apostólica planeada pelo arcebispado baiano, [...] – excluídas as mulheres, mil homens robustos e destemerosos "armados até aos dentes", por fim, sabia-se que ele imperava sobre extensa zona dificultando o acesso à cidadela em que se entocara, porque a dedicação dos seus sequazes era incondicional, e fora do círculo dos fiéis que o rodeavam havia, em toda a parte, a cumplicidade obrigatória dos que o temiam... E achou-se suficiente para debelar uma situação de tal porte uma força de cem soldados.

Segundo Fausto (1995), outro movimento inserido no primeiro grupo foi o liderado pelo Padre Cícero Romão Batista, entre 1872 e 1924, tendo como centro a cidade cearense de Juazeiro do Norte. Este clérigo não agiu de modo muito diferente do de Conselheiro, haja vista que esta figura também recrutava uma densa gama de pessoas com o intuito de fazer preces e procissões nos períodos de seca. Segundo Fausto (1995, p. 256), "O Padre Cícero chocou-se com as autoridades da igreja católica e, ao mesmo tempo integra-se no sistema coronelista. Ele se transformou em um misto de padre e coronel que se envolveu com suas forças militares, nas lutas políticas da região." Padre Cícero chegou a armar jagunços e romeiros para atuarem na linha de frente daquela que se chamou a "sedição de Juazeiro" ou "A guerra de Juazeiro", ocorrida em 1914, com o objetivo de restaurar o controle político do Ceará, nas mãos do candidato eleito pela oposição Coronel Marcos Franco Rabelo. (TERRA, 1983; MARQUES, 2014)

Em alguns momentos, os movimentos sociais e suas demandas assumiram um tom marcadamente religioso, sendo que um desses movimentos foi o Contestado, ocorrido em 1911 na região Sul do país, entre o estado do Paraná e o de Santa Catarina, em torno das terras que estavam sendo reivindicadas por ambos os estados. De acordo com Boris Fausto, o movimento

> Nasceu reunindo seguidores de um coronel tido como amigo dos pobres e pessoas de diversas origens, atingidos pelas mudanças que vinham ocorrendo na área. Entre elas, trabalhadores rurais expulsos da terra pela construção de uma ferrovia e por uma empresa madeireira e gente que tinha sido recrutada na construção da ferrovia, ficando novamente desempregada no fim de seus contratos. Os rebeldes estabeleceram vários acampamentos, organizados na base da igualdade e fraternidade entre os membros. [...] reivindicavam a posse de terra. (FAUSTO, 1995, p. 296)

Tendo sido fustigados por tropas estaduais e militares, os rebeldes do Contestado foram liquidados. Este grupo se destaca como um dos pioneiros na luta pelo direito a terra, antecipando as inúmeras lutas que foram crescendo e tomando forma ao longo dos anos no país. Os trabalhadores estavam engajados numa causa real, imposta pelo próprio estado, envolvendo a retirada do território onde eles residiam. O conflito também se configura como a resistência de homens e mulheres que lutavam por sua dignidade e direito ao território rural onde trabalhavam.

O terceiro movimento social surgiu com a reivindicação dos trabalhadores das fazendas de café, em São Paulo. O movimento social do campo, nesse caso, teve como objetivo reivindicar, por meio de greves, melhores salários e melhores condições de trabalho nas fazendas. Fausto assinala que, entre essas greves, a de 1913 destacou-se como uma das mais importantes, tendo reunido milhares de colonos da região de Ribeirão Preto, por ocasião da safra. Esses colonos

> [...] pretendiam a revisão de seus contratos de trabalhos e paralisaram as grandes fazendas de Francisco Schmidt e a Dumont, de propriedade inglesa. Houve intervenção da polícia e do cônsul da Itália, que procurava servir como intermediário nas negociações. Afinal, os objetivos dos colonos não foram alcançados. (FAUSTO, 1995, p. 296)

Este último grupo guarda um aspecto que muito o aproxima da nossa realidade atual, pois era organizado por trabalhadores que reivindicavam seus direitos trabalhistas nas fazendas. Com base nos inúmeros relatos de trabalhadores da época, é possível concluir que, naquele ambiente, o trabalho era demasiadamente forçado, pois, no meio rural, assim como nas fábricas, os operários eram explorados, submetidos a condições inadequadas de trabalho, extensas jornadas e salários defasados. As greves deflagradas no período ganhavam força principalmente em épocas de colheita, pois o trabalho do colono era transformado em produto comercializável e o café em mercadoria. Para José de Sousa Martins, quando as greves não focalizavam diretamente as condições de vida na fazenda, a renúncia dos trabalhadores consistia em não proporcionar aos fazendeiros seus negócios rentáveis em capital:

> A greve transformava-se numa recusa do trabalho através da recusa da mercadoria potencial, do café na iminência de tornar-se mercadoria, pois somente colhido o café tinha condições de ser mercadoria. É importante, por outro lado, ter em conta que, no processo de trabalho, o café aparecia como produto da propriedade, isto é, produto de uma forma específica de existência do capital, que é a forma de renda capitalizada. No processo capitalista de produção, a mais-valia aparece como produto do capital, como valor que se

> valoriza a si mesmo, porque o salário aparentemente remunera todo o trabalho do trabalhador. No regime de colonato, a ausência do salário, como forma social dominante da relação entre fazendeiro e o colono, impedia que ambos vivessem integralmente a ficção necessária da igualdade engendrada pela troca aparentemente igual, equivalente, de dinheiro por tempo de trabalho. Nesse processo, o trabalhador não aparece, isto é, não se vê nem se deixa ver, como explorado, embora o seja. (MARTINS, 2015, p. 80)

Os três movimentos sociais aqui discriminados expressam, em termos políticos, as diferenças da dinâmica social entre patrão e proprietário no contexto do campo, realidade que o país vem vivenciando desde os primórdios de sua história. Essa situação de domínio que caracteriza o nosso país foi assim definida por Darcy Ribeiro (2015, p. 16): "Descobrimos também, com susto, à luz dessa nova obviedade, que realmente não há país construído mais racionalmente por classe dominante do que o nosso. Nem há sociedade que corresponda tão precisamente aos interesses de sua classe dominante como o Brasil."

Não vamos nos ater detalhadamente neste período de revoltas e lutas pela terra protagonizadas pelas minorias no Brasil. No entanto, em meio a tantos descasos com os trabalhadores do campo, fossem eles escravos ou imigrantes, o que percebemos nos compêndios de história é a quase nenhuma alusão às questões referentes à educação brasileira nos períodos elencados. Sabemos que a educação no Brasil sempre ficou em segundo plano, conforme observa Gilberto Freyre em *Casa-Grande & Senzala*. A autoridade da classe dominante tem sido esmagadora sobre as classes menos favorecidas, como nos leva a entender Ribeiro (2015, p. 17): "nossa velha classe tem sido altamente capaz na formulação e na execução do projeto de sociedade que melhor corresponde a seus interesses. Só que esse projeto, para ser implantado e mantido, precisa de um povo faminto, chucro e feio." Um povo deixado de lado, às voltas com condições precárias de trabalho e salários irrisórios, porém enriquecendo cada vez mais os donos dos meios de produção. É importante salientar que o trabalhador do campo, principalmente nas grandes fazendas produz artefatos que não consume, pois a maior parte do que produz é destinada à exportação, como observa Darcy Ribeiro (2015, p. 18):

> A verdade verdadeira é que, aqui no Brasil, se inventou um modelo de economia altamente próspero, mas de prosperidade pura. Quer dizer, livre de quaisquer comprometimentos sentimentais. A verdade, repito, é que nós, brasileiros, inventamos e fundamos um sistema social perfeito para os que estão do lado de cima da vida.

O Brasil sempre abasteceu outras nações com nossa força de trabalho e nossos produtos, ainda mais atualmente, com a consolidação do agronegócio, maciçamente voltado para a exportação. No entanto, se a riqueza acumulada com a exportação fosse realmente investida no Brasil, em infraestrutura, saneamento básico, educação, cultura, saúde e tecnologia, estaríamos entre os melhores países em qualidade de vida.

1.3 A tríplice fronteira entre o campo, movimentos sociais e educação do campo

Nossos problemas sociais e educacionais perduram por centenas de anos, e a exploração dos trabalhadores (escravos ou não) é uma realidade que ocorre desde priscas eras e ainda permanece enraizada em nossa cultura. Um outro caso que pode ser mencionado é o da extração da madeira, do monopólio da cana-de-açúcar nos engenhos, do plantio de café, produtos destinados principalmente à exportação; e ainda o do algodão, da extração do ouro, e tantos outros. Esses produtos renderam fortunas, como destaca Darcy Ribeiro (2015, p. 18):

> O valor da exportação brasileira no século XVII foi maior que o da exportação inglesa no mesmo período. O produto mais nobre da época era o açúcar. Depois, o produto mais rendoso do mundo foi o ouro de Minas Gerais que multiplicou várias vezes a quantidade de ouro existente no mundo. Também, então reinou para os ricos uma prosperidade imensa. O café, por sua vez, foi o produto mais importante do mercado mundial até 1913, e nós desfrutamos, por longo tempo, o monopólio dele.

Nos dias atuais, produzimos em grande escala, mas a maioria dos produtos brasileiros é destinada à união europeia e aos países nórdicos. E, atualmente, principalmente para os países asiáticos, haja vista que o Brasil se destaca como um dos principais países fornecedores de produtos oriundos do agronegócio como soja, milho, fertilizantes, açúcar, suco de laranja, tabaco, cana-de-açúcar, aves, peixes, carne suína, bovina, e outros produtos agropecuários (MINISTÉRIO DA AGRICULTURA, PECUÁRIA E ABASTECIMENTO, 2015); água, petróleo etc. Temos ainda as mineradoras, há muito tempo instaladas em solo brasileiro, cujo material bruto extraído é enviado para os países desenvolvidos. O agronegócio brasileiro se caracteriza pela internacionalização dos produtos produzidos no país com o aval do Estado, segundo Delgado (2010, p. 93-94):

> Observe-se que o agronegócio na acepção brasileira do termo é uma associação do grande capital agroindustrial com a grande propriedade fundiária. Essa associação realiza uma aliança estratégica com o capital financeiro, perseguindo o lucro e a renda da terra, sob patrocínio de políticas de Estado.

Muitos dos produtos da agropecuária brasileira constituem a mola propulsora para o desenvolvimento do país, embora parte de nossas divisas escoe através das empresas multinacionais.

As promessas são grandes no que diz respeito ao investimento nos setores básicos, como saúde, saneamento básico, educação, desenvolvimento regional, econômico, social, cultural e político. No entanto, concluímos que tais promessas ficam apenas no discurso e na falácia, pois a realidade é bem diferente do que estamos acostumados a ver e ouvir. Em virtude da enorme desigualdade econômica e social, na segunda metade do século XX se desencadeiam no Brasil movimentos voltados para a luta contra a injustiça social. Esses movimentos sociais suscitam debates em prol dos trabalhadores do campo e urbanos, tendo conquistas e derrotas configuradas no meio de tais movimentos. É nesta época que o debate sobre a reforma agrária ganha força:

> O debate em torno da questão agrária no pensamento econômico brasileiro emerge em paralelo às mobilizações camponesas por

> terra que surgem em meados dos anos 1950. No início da década de 1960, essa discussão intelectual aparecerá de maneira mais sistemática, com a crescente disputa política pela reforma agrária. (DELGADO, 2010, p. 82)

Os grupos formados por camponeses contribuem significativamente para a discussão a respeito dos direitos trabalhistas, da reforma agrária, da melhor qualidade de vida e da educação no Brasil. Neste trabalho não nos concentraremos na história dos grupos que lutaram e lutam em favor das classes menos favorecidas, mas podemos citar alguns movimentos que são essenciais para o desenvolvimento do debate, entre eles a Via Campesina (organização internacional que reúne movimentos sociais de origem camponesa), a Comissão Pastoral da Terra (CPT), o Movimento dos Trabalhadores Rurais Sem Terra (MST), Movimento de Mulheres Camponesas (MMC), Movimento dos Atingidos por Barragens (MAB), Movimento dos Pequenos Agricultores (MPA), e ainda, Movimento dos Trabalhadores Sem Teto (MTST) (ROSA, 2010, p. 462), dentre outros. Este último movimento tem como foco as mobilizações das moradias nas áreas urbanas.

Para não escaparmos ao recorte deste trabalho, esboçaremos aqui algumas considerações sobre os três movimentos que mais ganharam força nas últimas décadas no Brasil: a Comissão Pastoral da Terra (CPT), o Movimento dos Trabalhadores Rurais Sem Terra (MST) e o Movimento dos Trabalhadores Sem-Teto (MTST). Segundo informações constantes no site da CPT, o movimento foi fundado em plena ditadura militar, como resposta à grave situação dos trabalhadores rurais, posseiros e peões, sobretudo na Amazônia. Ajudou a defender as pessoas das imposições governamentais, que só fazia o jogo dos interesses capitalistas nacionais e transnacionais, e abriu caminhos para que essas contradições fossem superadas. A CPT nasceu ligada à Igreja Católica porque a repressão estava atingindo muitos agentes pastorais e lideranças populares, e também porque a igreja possuía uma certa influência política e cultural. Na verdade, a instituição eclesiástica não havia sido molestada. Os posseiros da Amazônia foram os primeiros a receber atenção da CPT mas a entidade estendeu sua ação para todo o Brasil, pois os lavradores, onde quer que estivessem, enfrentavam sérios problemas. Assim, a CPT se envolveu com os atingidos pelos grandes projetos de barragens e, mais tarde, com os sem-terra. Terra garantida ou conquistada, o desafio era o de nela sobreviver. Por isso, a Agricultura Familiar mereceu um destaque especial no trabalho da entidade, tanto na organização da produção, quanto da comercialização. A CPT, junto com seus parceiros, foi descobrindo que esta produção precisava ser saudável, que o meio ambiente tinha que ser respeitado, e que a água é um bem finito. (COMISSÃO PASTORAL DA TERRA, 2010)

Quanto ao MST, o movimento está organizado em 24 estados nas cinco regiões do país. No total, são cerca de 350 mil famílias que conquistaram a terra por meio da luta e da organização dos trabalhadores do campo. Mesmo depois de assentadas, estas famílias permanecem organizadas no MST, pois a conquista da terra representa apenas o primeiro passo para a realização da Reforma Agrária. (MOVIMENTO DOS TRABALHADORES RURAIS SEM TERRA)

Segundo Marcelo Rosa (2010, 462), "A emergência dos 'sem-teto' como agentes centrais das disputas urbanas no Brasil aparece diretamente relacionada com o sucesso das ações do MST no campo." Ainda segundo o autor, as reivindicações do movimento "sem-teto" assemelham-se, em muitos aspectos, àquelas encabeçadas pelos "sem-terra":

> Assim como os "sem-terra", os "sem-teto" têm como forma central de manifestação a ocupação de prédios públicos e terrenos ociosos nas grandes cidades. Nos terrenos, assim como no caso do MST, são montadas barracas de lona preta e é erguida a bandeira do movimento que organiza a ocupação. Por vezes, o alvo das ocupações têm sido os prédios públicos e privados abandonados nas zonas centrais das principais cidades do país. Nesses casos, os movimentos pleiteiam a transformação pelo Estado dos edifícios comerciais em prédios residenciais. Esse tipo de ocupação começa a dar resultado, sobretudo, no estado de São Paulo, onde vários prédios vêm sendo reformados para esse fim. (ROSA, 2010, p. 462-468)

A reivindicação dos movimentos também vai em direção ao acesso à educação das pessoas do campo, que há muito tempo lidam com a falta de oportunidade de frequentar o ambiente escolar; movimentos como os Projetos de Educação de Jovens e Adultos seguem nessa direção. Por outro lado, existe o incentivo à promoção educacional no ensino infantil, fundamental e médio, fato notório nas escolas experimentais que encontramos nos assentamentos, nas comunidades ribeirinhas, nos quilombolas e nas escolas do campo.

> A identidade da escola do campo é definida pela sua vinculação às questões inerentes à sua realidade, ancorando-se na temporalidade e saberes próprios dos estudantes, na memória coletiva que sinaliza futuros, na rede de ciência e tecnologia disponível na sociedade e nos movimentos sociais em defesa de projetos que associem as soluções exigidas por essas questões à qualidade social da vida coletiva no país. (BRASIL, 2001, p. 22)

A educação superior ganha relevo no que diz respeito à Licenciatura em Educação do Campo; a Pedagogia da Terra, juntamente com o plano de Pedagogia da Alternância, vêm recebendo, recentemente, incentivo para seu funcionamento como projeto de ensino, com o intuito de suprir a necessidade dos trabalhadores que vivem no campo. A implantação de políticas educacionais com vistas a atender as comunidades campesinas foi uma inciativa do MEC através do PRONACAMPO, instituído pelo Decreto nº 7.084, de 27 de janeiro de 2010, cujo Art. 1º define as ações do programa: "[...] o Programa Nacional de Educação do Campo - PRONACAMPO, que consiste em um conjunto articulado de ações de apoio aos sistemas de ensino para a implementação da política de educação do campo, conforme disposto no Decreto nº 7.352, de 4 de novembro de 2010." (BRASIL, 2010, p. 3)

As políticas voltadas para as classes que se encontram à da escola permitem que seus integrantes sejam inseridos na cultura e no sistema de ensino, o qual vinha excluindo historicamente a população menos favorecida. No Brasil, a educação, sempre voltada para as elites, consistiu na condição que mais ajudou às classes dominantes a continuarem no poder, se pensarmos com Bourdieu (2015, p. 65):

> Ao atribuir aos indivíduos esperanças de vida escolar estritamente dimensionada pela sua posição na hierarquia social, e operando uma seleção que – sob as aparências da equidade formal – sanciona e consagra as desigualdades reais, a escola contribui para perpetuar as desigualdades, ao mesmo tempo em que as legitima.

Assim, é importante salientar que as pessoas oriundas do campo muitas vezes não conseguem matricular-se em um curso de ensino superior, seja pelas longas jornadas de trabalho que a própria zona rural exige, ou pelo distanciamento do campo em que as universidades e institutos se encontram. Isso faz com que os camponeses abandonem desde cedo os estudos e não frequentem as escolas de ensino fundamental e médio, resultando numa baixa adesão ao ensino superior.

O projeto de Educação do Campo se alça no sentido de garantir aos jovens e adultos do campo a sequência nos estudos e fazer com que permaneçam morando em seu lugar de origem, pois os cursos superiores a eles destinados são voltados para o magistério, possibilitando que os futuros profissionais possam permanecer nas escolas do campo.

1.4 Educação do campo no Brasil

Em novembro de 2010 foi publicado o Decreto de nº. 7.352, com o objetivo de respaldar a política de Educação do Campo no Brasil. "A União, por intermédio da Secretaria de Educação Continuada, Alfabetização, Diversidade e Inclusão (SECADI) do MEC, desde 2001 que dedica recursos e energia para a construção de uma política de educação do campo." (UF, 2014, p. 11) O Plano Nacional de Educação na Reforma Agrária – PRONERA – em seu Artigo 1º, prescreve a seguinte situação:

> Art. 1º A política de educação do campo destina-se à ampliação e qualificação da oferta de educação básica e superior às populações do campo, e será desenvolvida pela União em regime de colaboração com os Estados, o Distrito Federal e os Municípios, de acordo com as diretrizes e metas estabelecidas no Plano Nacional de Educação e o disposto neste Decreto. (BRASIL, 2010, p. 1)

A Educação do Campo tem como meta acolher as pessoas que não puderam estudar no tempo estipulado pela Lei de Diretrizes e Bases 9394/96. Dessa forma, a graduação nesta modalidade se dirigia especialmente àqueles que viviam longe da escola e dos grandes centros urbanos. São consideradas escolas do campo aquelas "situada[s] em área rural, conforme definida pela Fundação Instituto Brasileiro de Geografia e Estatística – IBGE, ou aquela[s] situada[s] em área urbana, desde que atenda[m] predominantemente às populações do campo." (BRASIL, 2010, p. 1)

Assim, a Licenciatura em Educação do Campo tem como objetivo atender prioritariamente a população do campo: "os agricultores familiares, os extrativistas, os pescadores artesanais, os ribeirinhos, os assentados e acampados da reforma agrária, os trabalhadores assalariados rurais, os quilombolas, os caiçaras, os povos da floresta, os caboclos e outros que produzam suas condições materiais de existência a partir do trabalho no meio rural. (BRASIL, 2010, p. 1)

Alguns projetos voltados para a Educação do Campo foram apresentados pelo INCRA, um órgão que tem desenvolvido e fomentado o Plano de Educação do Campo e o Programa Nacional de Educação na Reforma Agrária, tendo sido criado com a finalidade de

> [...] consolidar uma política pública de educação do campo, instituída no âmbito do Ministério do Desenvolvimento Agrário (MDA) e executada pelo Instituto Nacional de Colonização e Reforma Agrária (Incra). Inicialmente, destinava-se apenas aos beneficiários do Plano Nacional de Reforma Agrária (PNRA); mais tarde, passou a incluir também os beneficiários do Programa Nacional de Crédito Fundiário (PNCF). (INCRA, 2015)

No que diz respeito às pessoas inseridas na Educação do Campo, Arroyo e Fernandes (1999) destacam a importância da participação efetiva de alunos e professores nesse projeto social. Esses indivíduos são considerados pelos referidos pesquisadores como sujeitos históricos, envolvidos que estão na construção de cidadãos críticos. No entanto, ambos observam que,

> Não adianta querer formar o aluno como sujeito da história, se nós professores, mostrarmos a eles que estamos de costas para a história. O aluno tem que ver e sentir, que nós professores estamos inseridos na construção de um novo projeto popular de desenvolvimento para o campo. (ARROYO; FERNANDES, 1999, p. 40)

Na I Conferência Nacional "Por uma Educação Básica do Campo", Arroyo e Fernandes teceram o seguinte comentário: "A escola tem que ajudar o aluno que já está inserido, como sujeito, a interpretar essa história. A interpretar essa história em construção. A interpretar os sujeitos que constroem essa história." (ARROYO; FERNANDES, 1999, p. 40)

Nessa tarefa de interpretar a história, no âmbito da formação de docentes em Educação do Campo, desde os primeiros passos até o período de realização dos estágios, os estudantes estagiários passam por momentos marcantes. Deparam-se com uma série de situações que os fazem refletir sobre sua atuação na profissão, sua permanência no curso, sua vontade de prosseguir na carreira, suas inquietações, sua necessidade de vivenciar o ambiente escolar, sobre a importância de se encabeçar uma reflexão sobre o ato de ensinar e querer uma sociedade justa e igualitária, entre tantas outras reflexões que afetam sua iniciativa de aderir a um curso de licenciatura ou permanecer em um já em andamento. (COSTA, 2011)

Isto posto, torna-se cada vez mais importante investigar a constituição dos cursos de Licenciatura em Educação do Campo, em especial o de responsabilidade da universidade pública, haja vista que, no nosso caso, trata-se de um curso recente com vistas à habilitação em Ciências da Natureza e Matemática, objetivando a formação docente para o trabalhador e a trabalhadora que vive no Campo ou em suas imediações.

1.5 A educação do campo e o ensino de matemática

A respeito do ensino de matemática no Brasil, especialmente nos colégios jesuítas, temos escassas informações, algo que dificulta uma reflexão mais ampla sobre o tema. (VALENTE, 2007) De acordo com Maria A. Miorim (1998, p. 83), "temos poucas informações sobre o ensino de matemática existente nos colégios que os jesuítas estabeleceram no Brasil, mesmo naqueles em que foram criados os cursos de artes, como o colégio da Bahia." Wagner R. Valente (2007) observa que a matemática e as ciências eram ensinadas nos colégios, uma dependendo da outra, e seu ensino, desde a época imperial, se restringia a poucas pessoas: "A reunião de cursos de Aritmética, Álgebra e Geometria, por exemplo, dará a formação necessária em matemática àqueles que pretendiam tornar-se advogados, médicos, engenheiros." (VALENTE, 2008, p. 14) Uma ocorrência notória nas épocas colonial, imperial e republicana, e que persiste até os dias atuais, é a falta de professores para atuar nas áreas de ciências exatas e naturais em quase todos os níveis. Uma situação essencial que se refere ao desenvolvimento e à propagação da matemática consiste no fato de não existirem professores para exercer atividades nesta área de ensino, segundo Valente (2007).

O que fica claro, nos textos de história do ensino de matemática no Brasil, é que alguns conteúdos matemáticos eram vinculados aos cursos de educação artística (PAVANELLO, 1993); também aparecem conteúdos matemáticos e de ciências nos cursos de engenharia e artes nos grandes colégios. (VALENTE, 2007) A matemática passa a existir nos cursos de ciências exatas como ferramenta para a resolução de problemas práticos.

> Na física é que iria surgir o ensino dos rudimentos matemáticos. Apesar do aparecimento das matemáticas nos programas dos cursos de física desde o início do século XVII, os professores durante mais de um século reservam à matemática um lugar marginal seja negligenciando-se, seja ocupando-se dela em algumas lições de aberturas de cursos. (VALENTE, 2007, p. 33)

A questão dos componentes curriculares entra na discussão, haja vista que o currículo não era uniforme (GOMES, 2012), pois os conteúdos de matemática e ciências não encontravam lugar de destaque nos colégios, uma vez que as escolas priorizavam a tradição clássico-humanística, e os estudantes eram incentivados a estudar literatura, latim, filosofia, história, línguas modernas, poesia e oratória. (MIORIM, 1998; GOMES, 2012) Os conceitos matemáticos não eram contemplados pelo currículo tradicional escolar; mesmo existindo a disciplina, ocorria forte resistência aos conteúdos matemáticos, ficando seu estudo em segundo plano. Segundo Valente (2007, p. 14), "o lugar ocupado pelas ciências no currículo dos colégios era pequeno."

Já em um contexto mais recente, em que se previa o início da educação profissional, é importante salientar que o ensino de matemática esteve ligado, de alguma forma, à formação técnica destinada às classes trabalhadoras; o ensino de ofícios manufatureiros e industriais era desenvolvido nas escolas agrícolas. Seguindo Luiz A. Cunha (2000, p. 4),

> Os modelos de educação profissional para todos os setores da produção passaram a ser buscados nas escolas de aprendizes artífices (criadas em 1909), nos centros de formação profissional do Senai (instituição criada em 1942) e nas escolas técnicas da rede federal (criadas também em 1942). Essa projeção pode ser apontada, especialmente pelos seus efeitos profundos sobre todo o sistema educacional na reforma decorrente da Lei de Diretrizes e Bases do Ensino de 1º e 2º graus (Lei n. 5.692/71) e na criação do sistema paralelo de educação profissional (LDB – 96 e Decreto n. 2.208/97).

Regina M. Pavanello (1993) comenta que no início do século XX, quando o país ainda era basicamente agrícola, pecara-se pela não produção de materiais essenciais em seu território. A autora destaca que, naquele momento, o povo brasileiro não tinha acesso ao nível básico de educação, e que apenas um número pequeno de pessoas, filhos ou parentes de latifundiários, é que tinha acesso aos cursos superiores. Pavanello salienta que, entre os cursos superiores, o preferido das elites "é o jurídico, que facilita o acesso aos cargos burocráticos e políticos do governo. Há, portanto, pouco interesse pelos estudos científicos." (1993, p. 8, grifo nosso)

Entendemos que um dos motivos de as pessoas permanecerem à margem da educação básica no Brasil relaciona-se com o fato de os grandes fazendeiros terem se mantido no poder por muito tempo, com sua política do agronegócio e monocultura, muitas vezes afastando as pessoas do campo e sufocando os pequenos agricultores moradores do campo.

Não pretendemos realizar uma análise detalhada das Leis de Diretrizes e Bases da Educação Nacional (LDB) e sobre a história do ensino de matemática no Brasil, pois não é este o nosso recorte. A Educação do Campo começou a chamar atenção na última década do século XX, e continua chamando neste início do XXI, com a tomada de consciência política das classes populares. (ARROYO, 2014) As escolas rurais não estavam sendo suficientes para suprir a demanda pela eliminação do analfabetismo no Brasil. Nesse contexto, as camadas populares clamavam por direitos à educação, à igualdade e à oportunidade. Miguel Arroyo (2014) chama a atenção para a tomada de consciência dessas minorias, fazendo com que, hoje, estas se constituam como "Outros Sujeitos":

> Em nossas sociedades latino-americanas são os grupos sociais que fazem presentes em ações afirmativas nos campos, nas florestas, nas cidades, questionando as políticas públicas, resistindo à segregação, exigindo direitos. Inclusive o direito à escola, à universidade. São os coletivos sociais, de gênero, etnia, raça, camponesa, quilombolas, trabalhadores empobrecidos que se afirmam sujeitos de direitos. Outros sujeitos. São seus filhos e suas filhas que se fazem presentes nas escolas públicas e que exigem o acesso às universidades. São outros educandos. (ARROYO, 2014, p. 9)

Os trabalhadores de outrora, bem como seus filhos, eram, em sua maioria, submissos aos latifundiários. As diferenças entre trabalhador e patrão acarretavam conflitos e subversões, que originavam as ações de luta entre as camadas sociais. Não podemos esquecer, com Marx e Engels (1999, p. 23), que "cada luta de classe é uma luta política." As escolas rurais conservavam o caráter da relação casa-grande e senzala (FREYRE, 2003); nas escolas do campo, diferentemente do que ocorria no sistema relacional anterior, os sujeitos são protagonistas da política de educação. Para Fernandes e Molina (2004), é possível fazer uma clara distinção entre as escolas rurais de outrora e as escolas do campo de hoje:

> A origem da educação rural está na base do pensamento latifundista empresarial, do assistencialismo, do controle político sobre a terra e as pessoas que nela vivem. [...] Educação do Campo como um novo paradigma que vem sendo construído por esses grupos sociais e que rompe com o paradigma da educação rural, cuja referência é a do produtivismo, ou seja, o campo somente como lugar da produção de mercadorias e não como espaço de vida. (FERNANDES; MOLINA, 2004, p. 37)

É possível que o fortalecimento dos movimentos dos trabalhadores rurais e das escolas do campo possibilite a igualdade entre as classes que vivem no contexto agrícola, se pensarmos com Marx e Engels (2013, p. 37): "Somente em certo estágio do desenvolvimento das forças produtivas da sociedade, torna-se possível aumentar a produção a um nível em que a eliminação das diferenças de classe seja um verdadeiro progresso e possa ser duradoura."

Bernardo M. Fernandes observa que, "[...] é pensando dessa forma que o movimento camponês, desde a década de 1980, vem ocupando terra, enfrentando os militares, enfrentando a ditadura, enfrentando o latifúndio, enfrentando o capital, foi construindo perspectivas de desenvolvimento territorial e, dessa política surgiu a necessidade, a educação do campo" (FERNANDES, 2011, p. 126).

O Movimento dos Trabalhadores Rurais Sem Terra se consolidou no Brasil como um movimento expressivo na luta pela Educação do Campo, em contraposição ao que fora praticado durante décadas nas escolas rurais brasileiras. Tais conquistas foram assim registradas por Maria A. de Souza (2006, p. 19):

> A educação do campo tem conquistado espaço na esfera da política pública em função da atuação dos movimentos sociais e da abertura política nas instâncias governamentais, o que tem possibilitado o diálogo com a sociedade civil organizada. Encontros entre organizações e movimentos sociais têm propiciado a reflexão sobre a situação das escolas do campo e as propostas educacionais que orientam a prática pedagógica. Dois temas de grande interesse dos movimentos sociais na luta pela educação do campo têm sido a formação do professor e a educação de jovens e adultos, sendo a política pública de educação o foco central dos debates.

Com a discussão e a força dos movimentos sociais surge a necessidade de uma reflexão a respeito do conceito de educação para uma classe de trabalhadores que vivem no campo. Marx e Engels (2013, p. 43) consideram que "Toda revolução efetiva é social, na medida em que alça uma nova classe e lhe permite remodelar a sociedade à sua feição". Considerando a realidade social brasileira, Fernandes (2011) salienta que "Os ruralistas estão com medo de que essa política avance. Eles tentam impedir a criação de cursos nas universidades, eles tentam impedir que os alunos recebam bolsas, e caluniam, dizendo que essas bolsas são *para* fazer invasão de terras." (FERNANDES, 2011, p. 128)

Os movimentos sociais têm contribuído consideravelmente para a criação de novas escolas na zona rural, com o intuito de motivar a educação e os processos formativos de acordo com o contexto em que os alunos estão inseridos, algo que vem ocorrendo atualmente nas escolas situadas nos assentamentos; são escolas que procuram analisar sua própria prática cotidiana, de cidadania, de valores etc. Segundo D´Ambrosio (1997, p. 63), "A educação multicultural é a direção necessária que deve tomar o processo educativo para fazer face à complexidade de um mundo que se globaliza num ritmo crescente."

Paulo Freire (1996) discute questões essenciais relacionadas com uma reflexão crítica da prática pedagógica:

> Na formação permanente dos professores, o momento fundamental é o da reflexão crítica sobre a prática. É pensando criticamente a prática de hoje ou de ontem que se pode melhorar a próxima prática. O próprio discurso teórico, necessário à reflexão crítica, tem de ser de tal modo concreto que quase se confunda com a prática. O seu "distanciamento" epistemológico da prática enquanto objeto de sua análise, deve dela "aproximá-lo" ao máximo. (FREIRE, 1996, p. 39)

Nos últimos anos, ouvimos professores relatando as várias dificuldades encontradas na sala de aula: os problemas mencionados vão desde a falta de interesse dos alunos, à violência, ao salário e à ausência de investimento por parte das políticas públicas. Paulo Freire (1996), em sua obra *Pedagogia da Autonomia*, denuncia determinados descasos do Poder Público relativos à docência – "Eis a questão, como cobrar dos estudantes um mínimo de respeito à estrutura pública se o Poder Público revela absoluta desconsideração à coisa Pública? É incrível que não imaginemos a significação do 'discurso' formador que faz uma escola respeitada em seu espaço. (FREIRE, 1996, p. 45) –, e à educação pública:

> Um dos piores males que o poder público vem fazendo a nós, no Brasil historicamente, desde que a sociedade brasileira foi criada, é o de fazer muitos de nós corrermos o risco de, a custo de tanto descaso pela educação pública, existencialmente cansados, cair no indiferentismo fatalistamente cínico que leva ao cruzamento dos braços. "Não há o que fazer" é o discurso acomodado que não podemos aceitar. (FREIRE, 1996, p. 67)

Com base nas considerações de Freire (1996), cabe a pergunta: Como se configuram as escolas do Campo hoje? O Estágio Supervisionado dá suporte aos futuros professores para que compreendam a dinâmica das escolas do Campo? As pessoas que trabalham nas escolas consideradas do Campo têm um histórico com a terra? Quais aplicações do ensino da Matemática são necessárias para entrelaçar teoria e prática na Educação do Campo? Os projetos educacionais valorizam as histórias de vida do homem do Campo? O fato é que, cada vez mais, as escolas do campo estão sendo sucateadas, sendo que muitas já fecharem as portas.

O estágio supervisionado é o momento de conhecer os educandos, professores, serventes, corpo pedagógico e outros do posto do futuro trabalho, seu entorno e toda a estrutura das escolas do campo. Geralmente os professores dessas escolas são oriundos de cidades próximas de escolas do campo, daí concluirmos que (re)conhecem o ambiente e a cultura local. Diversas são as possibilidades de aplicação da matemática nas escolas do campo, e uma delas é trazer para a sala de aula o próprio conhecimento dos alunos para o ensino de matemática, ou seja, o ensino a *posteriori*, explorar a cultura, a etnomatemática, o modelo que é usado no trabalho do campo com a matemática. Os projetos de educação ainda são embrionários quanto à valorização das pessoas do campo, e, apesar do incentivo do PRONERA, ainda resta um longo caminho a se percorrer. Observa-se que, para a valorização das pessoas do campo e sua inclusão no ambiente educacional, devem ser levados em consideração seus valores e práticas sociais. Para D'Ambrosio a ideia principal é que não se percam as "várias expressões culturais" (1997, p. 63).

Alguns autores, entre eles Pistrak (2011) e Shulgin (2013), salientam que podemos entender o processo da vida humana para melhoria das classes sociais por meio da "construção que se faz por baixo, de baixo para cima, e que só será possível e benéfica na condição em que cada membro da sociedade compreenda claramente o que é preciso construir e como é preciso construir" (PISTRAK, 2011). Dessa forma, "A escola estuda a vida, a economia, o nível cultural e político de uma determinada região, do campo, aldeia, cidade etc. Mas isso não é suficiente: ela tem que ajudar a introduzir o novo na vida, na economia, melhorá-las." (SHULGIN, 2013, p. 44)

D'Ambrosio destaca a necessidade de a educação estabelecer laços com a realidade e, para tanto, indica a Etnomatemática como um programa essencial para entender a diversidade cultural, social e humana que o ensino de matemática possibilita: "A Etnomatemática é um programa de pesquisa que caminha juntamente com uma prática escolar." (D'AMBROSIO, 1990, p. 5) Nesse sentido, a Etnomatemática pode desempenhar um papel significativo no âmbito da educação popular, como salienta D'Ambrosio (1990, 1996, 1997). Para Gelsa Knijnik (2003, p. 106), "a Etnomatemática abrange um vasto e heterogêneo conjunto de abordagens, muitas das quais estão estreitamente vinculadas com a Educação que se realiza nos movimentos sociais no Brasil."

As questões da educação popular, apresentadas por Paulo Freire em vários trabalhos (1987, 1994, 1996, 2011), poderão ser a base de um processo formativo do professor pautado nas concepções de Educação Matemática no Campo. O educador salienta que "Esta temática plural e rica abarca desde as técnicas agrícolas, a semeadura, a colheita, o tratamento da terra, o combate às pragas, à erosão, até a compreensão mesmo do ato de produzir." (FREIRE, 2011, p.162)

Diante dessas considerações, cabe a pergunta: Como articular a Educação Matemática com formação docente e como isso pode ser colocado em prática no curso de Licenciatura em Educação do Campo? Consideramos que, possivelmente por meio do Estágio Supervisionado, podemos encontrar algumas respostas para esta pergunta, mas sabemos da complexidade envolvida, pois nesse contexto existem tensões e resistências políticas ao longo do caminho.

Quando nos referimos à educação matemática, devemos colocar em debate o caráter da Matemática no ensino, isto é, "levar em consideração a sua própria evolução, tanto no que se refere aos conteúdos transmitidos, quanto aos métodos, atitudes e mesmo comportamentos associados ao pensar, fazer e praticar Matemática." (D'AMBROSIO, 1990, p. 49)

As questões aqui levantadas mostram que o ambiente de trabalho do docente se torna mais complexo, pois, além do conhecimento de diversas disciplinas inerentes à Licenciatura em Educação do Campo, o futuro professor de matemática das escolas do campo necessita aprender a lidar com os problemas postos pela sociedade dentro e fora da escola, necessidade que se estende às demais disciplinas, conforme D´Ambrosio (1990, p. 49): "[...] sendo a Matemática de tal maneira importante para as demais disciplinas, nossa tarefa torna-se ainda mais complexa, pois devemos estar familiarizados também com as tendências que se notam nas outras áreas de conhecimento."

Se o conhecimento está relacionado com a cultura pelos processos que constituem o conhecimento, como afirma Freire (1996), isso deve ter algumas implicações no modo como tratamos o conhecimento nos processos didáticos da educação [matemática]. (MELLINOLSEN, 1986, p. 103 *apud* GERDES, 1996, p. 9)

1.6 Trabalho, educação e sociedade

Cada vez mais, no âmbito do sistema capitalista, trabalho e sociedade caminham de mãos dadas na construção da cidadania, pelo menos é o que está posto. O trabalho e seus benefícios são direitos fundamentais do ser humano, no entanto, e principalmente nas sociedades capitalistas, para que o indivíduo consiga obter renda individual ou familiar condizente com suas necessidades, é necessário que tenha um grau de conhecimento escolar e cultural que seja, no mínimo, razoável para tornar-se apto a concorrer no mercado de trabalho. Moisey M. Pistrak (2001) explica que, exatamente por esse motivo, as classes dirigentes resistiram em associar escola, ascensão social e poder:

> A escola sempre foi uma arma nas mãos das classes dirigentes. Mas essas não tinham nenhum interesse em revelar o caráter de classe da escola: as classes dirigentes não passavam de uma minoria, subordinando a maioria aos seus interesses, e é por isso que se

> esforçavam para mascarar a natureza de classe da escola, evitando colaborar na destruição de sua própria dominação. (PISTRAK, 2011, p. 23)

Para a sociedade atual é essencial obter um título escolar, de nível básico, técnico ou universitário. Compreendemos que a contratação de funcionários pode ocorrer, muitas vezes, pela qualificação do candidato, e isso faz com que a escola, a universidade e o título escolar desempenhem um papel essencial para a melhoria de vida das pessoas. Desse modo, torna-se fundamental a formação educacional garantida principalmente e/ou unicamente pela escola ou pela universidade, a qual colabora para "intensificar seus investimentos para manter a raridade relativa de seus diplomas e, correlativamente, sua posição na estrutura de classes." (BOURDIEU, 2015, p. 166) Assim, os diplomas são considerados instrumentos balizadores nas classes sociais. O trabalho, a educação e a sociedade engendram situações que são inextricáveis, porém a educação é uma chave de permanência na corrida pela ascensão social e pelas transformações no seio da sociedade, como bem observou Bourdieu (2015, p. 165):

> As transformações recentes das relações entre as diferentes classes sociais e o sistema de ensino, com a consequente explosão escolar e todas as modificações correlativas do próprio sistema de ensino e também todas as transformações da estrutura social que resultam (pelo menos, em parte) da transformação de relações estabelecidas entre os diplomas e os cargos, são o resultado de uma intensidade da concorrência pelos títulos escolares, para a qual, sem dúvida, tem contribuído muito o fato de que, para assegurar sua reprodução, as frações da classe dominante (empresários da indústria e do comércio) e das classes médias (artesãos e comerciantes), as mais ricas em capital econômico, tiveram que intensificar fortemente a utilização que faziam do sistema de ensino.

Os homens, com a força de seu trabalho, muitas vezes tornam-se reféns das grandes empresas que exigem cada vez mais dos trabalhadores sua capacidade de produção, principalmente quando o mercado entra em crise econômica e as mercadorias se encontram acumuladas. Os empresários não se conformam diante do acúmulo da produção armazenada nos pátios, nas fábricas e portos, algo que, muitas vezes, imprime um certo caráter cosmopolita à produção e ao consumo em todos os países: "A burguesia, através de sua exploração do mercado mundial, deu um caráter cosmopolita para a produção e o consumo em todos os países. Para grande desgosto dos reacionários, rebaixou a base nacional da indústria até o rés do chão." (MARX; ENGELS, 1998, p. 14)

A luta de classes é um sinal de que o empresário e o assalariado se confrontam continuamente para reforçar e manter as diferenças. Os trabalhadores, das fábricas, usinas ou do campo, almejam seus direitos. O capitalismo e seus representantes pressionam em todas as direções com a finalidade de permanecerem à frente das instâncias reguladoras do poder, no entanto, Marx e Engels destacam que

> A classe trabalhadora moderna desenvolve-se: uma classe de trabalhadores, que vive somente enquanto o seu labor aumenta o capital. Estes trabalhadores, que precisam vender a si próprios aos poucos, são uma mercadoria, como qualquer outro artigo de comércio e são, por consequência, expostos a todas as vicissitudes da competição, a todas as flutuações do mercado. (MARX; ENGELS, 1998, p. 19)

Segundo Alberto T. Rodrigues (2007), a sociedade capitalista foi o carro chefe da pesquisa das concepções marxistas: "Marx percebeu que por detrás da miséria e sofrimento da classe trabalhadora, havia um processo histórico que levava a burguesia a ser a classe dominante, expropriava os trabalhadores de seus instrumentos de trabalho e saberes." (RODRIGUES, 2007, p. 32)

Estudar a história dos povos e suas culturas é essencial para que entendamos a estrutura das classes sociais e sua dominação no interior do sistema capitalista: "O que move a história é a luta entre as classes sociais. Compreendendo isto, o investigador compreenderia a natureza da sociedade capitalista." (RODRIGUES, 2007, p. 33) O trabalho e a sociedade estão inextricavelmente entrelaçados, e sempre haverá o explorado pela classe dominante, que geralmente não consegue sair de uma situação de exploração (FREIRE, 2014a; RIBEIRO, 2015), pois, segundo Rodrigues (2007, p. 33), "[...] a história é a história dos homens com a natureza e dos homens entre si. Nesta relação aparece como intermediário o trabalho humano [...], pois é por meio do trabalho que o homem muda a natureza, colocando a seu serviço. Ele planta, caça, pesca, vive através do trabalho."

Essa ideia de que o homem transforma o mundo com o seu trabalho foi defendida por Freire (1967) em um trabalho desenvolvido em Brasília, a partir do relato de um idoso, trabalhador do campo: "Sei agora que sou culto, afirma um idoso camponês." Ao ser indagado sobre o fato de se reconhecer como uma pessoa culta, o idoso respondeu: "Porque trabalho e trabalhando transformo o mundo". A resposta incisiva do camponês sintetiza a ideia que ele tem do direito à liberdade no ambiente de trabalho, o que revela sua consciência libertadora a respeito de sua práxis, conforme destaca Paulo Freire (2014a, p. 48):

> A libertação, por isto, é um parto. E um parto doloroso. O homem que nasce deste parto é um homem novo que só é viável na e pela superação da contradição opressores-oprimidos, que é a libertação de todos. A superação da contradição é o parto que traz ao mundo este homem novo não mais opressor; não mais oprimido, mas homem libertando-se.

A tomada de consciência do trabalhador camponês expressa nitidamente o poder que a educação exerce sobre as pessoas quando são levadas a participar de projetos educacionais em centros comunitários, escolas, empresas e em outros contextos. Esses projetos, desenvolvidos por Paulo Freire no formato de ações educativas em diversas cidades brasileiras, inclusive fora do país, resultaram, segundo o educador, de observações feitas no Brasil, mais especificamente nos vários setores em que teve oportunidade de exercer atividades educativas. (FREIRE, 2014a, p. 31)

As ações ditas libertadoras revelam-se essenciais à classe trabalhadora uma vez que é somente através de projetos e recursos, seja em cursos de extensão comunitária, de ensino fundamental, médio e profissionalizante, na modalidade de Educação de Jovens e Adultos, que as extensas horas de trabalho diário podem ser minimizadas. Paulo Freire observa que um dos aspectos que o surpreendeu, quer nos cursos de capacitação ministrados por ele, ocasiões em que teve a oportunidade de analisar o papel da conscientização, quer na aplicação mesma de uma educação realmente libertadora, foi o medo da liberdade. (FREIRE, 2014a, p. 31)

Para que a libertação no âmbito da classe trabalhadora seja efetivada, é necessário investimento de ponta em pesquisa dos órgãos de fomento, de institutos, instâncias privadas e de políticas públicas emergentes que ambicionem recrutar uma totalidade de pessoas de diversas idades e classes sociais, inserindos-as nos meios culturais, fiscais, econômicos e políticos do nosso país. De acordo com Pistrak (2011, p. 24),

> Desenvolver a educação de massa, condição da consolidação das conquistas e das realizações revolucionárias, significa fazê-las compreender seus interesses de classe, as questões vitais e urgentes que derivam da luta de classes, significa dar-lhes uma consciência mais clara e mais exata dos objetivos sociais da classe vitoriosa.

Para o educador socialista, é necessário envolver a população em todos os setores do trabalho, seja intelectual ou artesanal, não só com a finalidade de abranger os afazeres da força de trabalho, mas também para que todos tenham o reconhecimento imperativo de suas atuações na consciência crítica de todo seu mecanismo potencial de desenvolvimento, com o objetivo de excluir a injustiça ingênua que paira sobre a classe operária. Talvez adotando essa mentalidade seja realmente possível avançar em direção à superação das graves desigualdades que tanto assombram nosso país.

2

Educação conscientizadora em Paulo Freire

Todos nós podemos aprender, e aprender sempre mais.
Nita Freire

Nesta seção tecemos algumas considerações acerca da educação popular, da escola, da cultura, do discurso, das políticas públicas, do processo de ensino e aprendizagem para futuros professores, a partir da compreensão de que, "o clima de respeito que nasce de relações justas, sérias, humildes, generosas, em que a autoridade docente e as liberdades dos alunos se assumem eticamente, autentica o caráter formador do espaço pedagógico." (FREIRE, 1996, p. 92)

Paulo Freire, com vistas a uma educação conscientizadora, debateu dois conceitos essenciais em seus trabalhos: liberdade e autoridade. Segundo o educador,

> Não há liberdade sem disciplina, sem limite. Limite é o caminho da disciplina. Autoridade estabelece e cobra limites. A liberdade se faz segundo esses limites. O desequilíbrio entre esses dois conceitos pode, por exemplo, provocar o autoritarismo. Não cabe no exercício da liberdade dizer não, sem dizer a razão do não. (FREIRE, 1994, s/n)

Essas palavras sintetizam as concepções de liberdade e autoridade e que foram objetos de discussão dos textos e conferências do autor ao longo de vários anos. De acordo com o *Dicionário de Filosofia Nicola Abbagnano*, o conceito de "liberdade", baseado em Bergson,

> [...] situa-se entre a noção de liberdade moral, isto é, da "independência da pessoa perante tudo o que não é ela mesma", e a noção de livre arbítrio, segundo o qual aquilo que é livre "depende de si mesmo assim como um efeito depende da causa que o determina necessariamente". (ABBAGNANO, 2007, p. 701).

A despeito da noção de livre arbítrio, acima apresentada, Bergson "objeta que os atos livres são imprevisíveis e, portanto, não se lhes pode aplicar a causalidade, segundo a qual causas iguais têm efeitos iguais", sendo que, por esse motivo, "a liberdade continua indefinível; e deve ser identificada com o processo da vida consciente, ou seja, com a duração real." (BERGSON *apud* ABBAGNANO, 2007, p. 701).

Nessa mesma direção, o *Dicionário de Filosofia*, de Sartre, considera a "liberdade" uma escolha que o próprio ser faz com relação às coisas, e exibe a seguinte definição, citada por Abbagnano (2007, p. 701):

> Não tem sentido diferente a doutrina de Sartre, para quem a liberdade é a escolha que o homem faz de seu próprio ser e do mundo. Mas exatamente por se tratar de uma escolha, à medida que é feita, essa escolha geralmente indica outras tantas como possíveis. A possibilidade dessas outras escolhas não é explicitada nem proposta, mas é vivida no sentido de injustificabilidade e expressa na absurdidade da minha escolha, consequentemente do meu ser. Assim, minha liberdade devora a minha liberdade. Sendo livre, projeto o meu possível total, mas com isto proponho que sou livre e que posso aniquilar esse meu primeiro projeto e relegá-lo ao passado.

Já Hannah Arendt discute o significado de "liberdade" nos seguintes termos:

> Parece ser uma empresa irrealizável. [...] O campo em que a liberdade sempre foi conhecida, não como um problema, é claro, mas

> como um fato da vida cotidiana, é o âmbito da política. E mesmo hoje em dia, quer o saibamos ou não, devemos ter sempre em mente, ao falarmos do problema da liberdade, o problema da política e o fato de o homem ser dotado com o dom da ação; pois ação e política, entre todas as capacidades e potencialidades da vida humana, são as únicas coisas que não poderíamos sequer conceber sem ao menos admitir a existência da liberdade, e é difícil tocar em um problema político particular sem, implícita ou explicitamente, tocar em um problema de liberdade humana. (ARENDT, 2007, p. 188-192)

O termo "autoridade", para Paulo Freire, comporta a seguinte definição:

> A segurança com que a autoridade docente se move implica uma outra, a que se funda na sua competência profissional. Nenhuma autoridade docente se exerce ausente desta competência. O professor que não leve a sério sua formação, que não estude, que não se esforce para estar à altura de sua tarefa não tem força moral para coordenar as atividades de sua classe. Isto não significa, porém, que a opção e a prática democrática do professor ou da professora sejam determinadas por sua competência científica. (FREIRE, 1996, p. 91-92)

A palavra "autoridade", segundo o *Dicionário de Filosofia Nicola Abbagnano*, é definida como

> Qualquer poder exercido sobre um homem ou grupo humano por outro homem ou grupo. Esse termo é generalíssimo e não se refere somente ao poder político. Além de autoridade do Estado existe a autoridade dos partidos ou a autoridade da igreja, bem como a autoridade do cientista, a quem a se atribui, por exemplo, o predomínio temporário de certa doutrina. Em geral a autoridade é, portanto, qualquer poder de controle das opiniões e dos comportamentos individuais ou coletivos, a quem quer que pertença esse poder. (ABBAGNANO, 2007, p. 113)

Hannah Arendt, por sua vez, destaca que o termo "autoridade" compreende de alguma maneira o poder. Para a autora, a autoridade e a argumentação não se misturam, pois caminham em trilhas opostas. Seguindo o mesmo raciocínio, Arendt argumenta:

> Visto que a autoridade sempre exige obediência, ela é comumente confundida como alguma forma de poder ou violência. Contudo, a autoridade exclui a utilização de meios externos de coerção; onde a força é usada, a autoridade em si mesmo fracassou. A autoridade, por outro lado, é incompatível com a persuasão, a qual pressupõe igualdade e opera mediante um processo de argumentação. Onde se utilizam argumentos, a autoridade é colocada em suspenso. (ARENDT, 2007, p. 129)

Os conceitos aqui tratados levam a crer que o próprio indivíduo estabelece limites entre uma coisa e outra – Liberdade e Autoridade –, isto é, a razão para a existência política, existência esta que se manifesta em suas ações e diálogos. Para Freire (2014b, p. 40), "Não existe neutralidade em coisa nenhuma, não existe neutralidade na ciência, na tecnologia. A gente precisa estar advertido da natureza política da educação. Quando eu digo da natureza política da educação, eu quero salientar que a educação é um ato político."

Freire assinala, no texto *Educação como prática da liberdade*, a essência da autenticidade no discurso, apontando para a potencialidade dos atos desempenhados pelo profissional da educação. O autor salienta, citando Furter, a necessidade de que "as palavras não sejam ocas, que não se escondam no verbalismo; formalismo, a mentira da incompetência; o cinismo da descrença tão característico das elites do poder. Ninguém numa democracia seja excluído ou posto à margem da vida nacional." (FREIRE, 1994)

Para Freire (1994), é importante afastar a alfabetização mecânica, ou seja, ele pensa a alfabetização do homem brasileiro como um processo de tomada de consciência. Em seus trabalhos, tinha como ideia fundamental transformar a ingenuidade em criticidade, ao mesmo tempo em que ocorria a alfabetização dos adultos: "Somente com muita paciência era possível tolerar, após as durezas de um dia de trabalho, ou um dia sem trabalho, lições que falam de ASA – Exemplo: Pedro viu a asa – A asa é da ave." (FREIRE, 1994, p. 112)

Os trabalhadores não mediam esforços para prosseguirem e se aperfeiçoarem no ambiente educacional, como bem observou Paulo Freire (1994); as questões debatidas nas aulas eram muitas vezes sem sentido para os operários. Por isso, a comunicação, a argumentação e os diálogos também foram meios fundamentais para a discussão a respeito do processo de alfabetização dos trabalhadores na época. Freire defendia a ideia de que, para a tomada de consciência, seria imprescindível que o indivíduo, por meio da educação, se tornasse um cidadão crítico, percebendo seu entorno e a realidade social na qual estava inserido:

> É necessária uma educação que fosse capaz de superar a captação mágica ou ingênua de sua realidade, por uma dominantemente crítica. E quando os dois polos do diálogo se ligam assim, com amor, com esperança, um com o outro, se fazem críticos na busca de algo. Instala-se, então uma relação de simpatia entre ambos. Só aí há comunicação de A com B. Nasce de uma matriz crítica e gera criticidade. (FREIRE, 1994, p. 114)

A comunicação, e principalmente a linguagem, são elementos que medeiam as relações dialógicas entre as pessoas. De acordo com Beth Brait (2005, p. 33), "a linguagem é, por constituição, dialógica e a língua não é ideologicamente neutra e sim complexa, pois, a partir do uso e dos traços dos discursos que nela se imprimem, instalam-se na língua choques e contradições." Nesse sentido, a respeito da interação e comunicação para a alfabetização, em matemática ou não, cabe ressaltar que os termos utilizados carregam valores e significados específicos da área à qual pertencem, ou seja, os espaços de vivência são primordiais para a apreensão dos conceitos que são tratados em aula, pois, segundo Costa (2013, p. 7-8), "É a partir dessa comunicação discursiva que as dúvidas serão sanadas e os conhecimentos e saberes poderão ser construídos". Por isso, cabe levar em consideração o fato de que todo o conteúdo discutido em aula tem sua carga ideológica. Por outro lado, não podemos esquecer a teoria marxista da criação ideológica, à luz de Althusser (1999, p. 179):

> A ideologia não existe no "mundo das ideias" concebido como "mundo espiritual", mas em instituições e nas práticas próprias dessas mesmas instituições. Seríamos até tentados a dizer ainda mais precisamente: a ideologia existe em aparelhos e nas práticas próprias desses mesmos aparelhos.

Em sua obra *Marxismo e filosofia da linguagem* (2012), M. Bakhtin salienta que, "Tudo que é ideológico possui um significado e remete a algo situado fora de si mesmo. Em outros termos, tudo que é ideológico é um signo. Sem signo não existe ideologia" (BAKHTIN, 2012, p. 31). Diversos pensadores têm concebido a *ideologia* como forma de manifestação política, como Althusser (1999), Bakhtin (2012), Baudrillard (1972), Marx (1998), entre outros. Segundo Bakhtin (2012, p. 32),

> Qualquer produto de consumo pode, da mesma forma, ser transformado em signo ideológico. O pão e o vinho, por exemplo, tornam-se símbolos religiosos no sacramento cristão da comunhão. Mas o produto de consumo enquanto tal não é, de maneira alguma, um signo. Os produtos de consumo, assim como os instrumentos, podem ser associados a signos ideológicos, mas essa associação não apaga a linha de demarcação existente entre eles. O pão possui uma forma particular que não é apenas justificável pela sua função de produto de consumo; essa forma possui também um valor, mesmo que primitivo, de signo ideológico (por exemplo, o pão com a forma de número oito ou de uma roseta).

A respeito do significado do signo ideológico, podemos dizer que seu papel social é essencial para a cultura vigente. No entanto, a questão da ideologia é um fato concreto que as classes dominantes aplicam nos aparelhos de Estado, dentre elas, escolas, universidade, secretarias (Municipais, Estaduais e Federais), sistemas prisionais, propagandas etc.

> Com efeito, apesar das aparências, isto é, apesar dos preconceitos ideológicos sobre a ideologia e as ideias, a ideologia não existe nas ideias. A ideologia pode existir sob a forma de discursos escritos (livros) ou falados (sermões, cursos, alocuções etc.) que, supostamente, veiculam "ideias". Mas justamente a "ideia" que faz das "ideias" comanda o que se passa nesses discursos. (ALTHUSSER, 1999, p. 178)

Para Bakhtin (2003), "é impossível pensar o sujeito fora das relações que o ligam ao outro". Se, conforme as concepções bakhtinianas, a vida é dialógica por natureza, então a comunicação deve proporcionar o entendimento entre duas ou mais pessoas a respeito de determinado tema estudado e discutido, sem que haja neutralidade na linguagem. Para explicar o fenômeno da linguagem, o filósofo russo se utiliza de uma metáfora:

> [...] para observar o processo de combustão, convém colocar o corpo no meio atmosférico, da mesma forma, para observar o fenômeno da linguagem, é preciso situar os sujeitos – emissor e receptor do som -, bem como o próprio som, no meio social. Com efeito, é indispensável que o locutor e o ouvinte pertençam à mesma comunidade linguística, a uma sociedade claramente organizada. (BAKHTIN, 2003, p. 72)

Paulo Freire cita exemplos de discursos proferidos em contextos educacionais em que a linguagem revela suas condições de construção, os desentendimentos que ocorrem durante o processo, as manipulações e os significados que ela adquire em nossa cultura educacional:

> Quantos índios a gente tem no Brasil? Talvez 200 mil, no total? Quantos havia quando o Brasil foi conquistado? Não digo que o Brasil foi "descoberto"; dizer isso é um método do colonizador. Se vocês fizerem uma pesquisa hoje pelo Brasil afora, inclusive, se vocês forem num ginásio e universidade também do Brasil, vão ver que a grande maioria dos brasileiros dirá: "O Brasil foi descoberto em 1500". O Brasil jamais foi descoberto. Ele foi conquistado, mas foi dito que o Brasil foi descoberto, porque tinha interesse em dizer que foi descoberto, apesar de ser invadido, de terem conquistado as terras. Daí em diante, os conquistados passam a usar uma linguagem como se fossem o conquistador. Quer dizer, 480 anos depois, a gente continua falando no Descobrimento do Brasil, o que é pior ainda que Inconfidência Mineira. Como você chama a um dos primeiros estouros de busca de liberdade, romântica ou não, do Brasil, de Inconfidência? Inconfidência é o nome que o colonizador tinha que dar, e não nós. O problema da linguagem é um problema muito sério. (FREIRE, 2014b, p. 39)

O que fica claro no trecho acima é a inversão que a linguagem sofre em contextos que são praticamente diferentes do que realmente aparentam. Isso se constitui como um ato político e não deixa de ser um problema ideológico. (FREIRE, 2014b) A linguagem é ideológica de modo que não existe neutralidade no trabalho escolar, ou seja, a escola e a universidade produzem um valor-signo significativo para os homens, e assim, fazendo a distinção entre eles por meio do diploma, e sobretudo pela carreira que escolheram. A ideologia por trás da linguagem ocasiona a imposição nos aparelhos de dominação. Os indivíduos que não tiveram a oportunidade de estudar percebem salários menores, principalmente se comparados às pessoas rotuladas como qualificadas. (MATTOS, 2006)

2.1 Educação popular em Paulo Freire

Paulo Freire (2015) entende que estudar é um trabalho difícil, especialmente pelo fato de exigir, de quem o faz, "uma postura crítica, sistemática. Exige uma disciplina intelectual que não se ganha a não ser praticando-a." (FREIRE, 2015, p. 9)

Segundo Bourdieu (2015), apenas por ter formação superior o indivíduo é considerado qualificado na hierarquia do trabalho e automaticamente no recebimento de salários mais valorosos. O diploma é o signo que baliza o salário da população brasileira. Então, como pensar em uma população com condições financeiras estáveis, sem que consiga ingressar na universidade pública ou privada em cursos considerados de elite? Vale ressaltar que Paulo Freire criticava a educação escolar brasileira, como lembra Celso de R. Beisiegel (1992, p. 94):

> Freire criticava a organização e o funcionamento da educação brasileira. As críticas à situação de ensino, as posições que então defende e mesmo a reflexão sobre as orientações das próprias atividades decorriam rigorosamente de sua concepção do homem, de modo como compreendia a realidade brasileira na época e de sua adesão ao ideal de construção da sociedade desenvolvida, independente e democrática no país.

Freire buscava argumentos capazes de defender uma educação que incluísse também a população brasileira que não tinha acesso ao ambiente escolar, bem como uma educação para além da casa-grande em virtude das mudanças que estavam ocorrendo em todas as esferas da sociedade brasileira, como ressalta Beisiegel (1992, p. 95):

> Freire tinha algumas críticas dirigidas aos padrões de organização e funcionamento da Escola no Brasil. Paulo Freire articulava-se em torno de alguns temas principais: a superposição da escola à realidade, a orientação excessivamente centralizadora das instituições escolares, o rígido autoritarismo vigente, e o caráter assistencialista das atividades. A primeira e mais geral dentre essas críticas apontava para a ausência do entrosamento entre a educação e a realidade brasileira. A escola seria desenraizada, desatualizada, inorgânica, inautêntica, desvinculada da vida por que estranha às condições do presente.

No entanto, para o enlace entre educação e realidade, é necessário que ocorra a aproximação dos conteúdos ministrados à experiência dos alunos, fato este demonstrado nos círculos de cultura elaborado por Freire, e aplicado com o intuito da conscientização, com base na observação de situações existenciais típicas. Essas situações existenciais típicas eram obtidas por meio das palavras catalogadas em entrevistas: escolhiam-se algumas que atendessem ao duplo critério da riqueza fonêmica e da "pluralidade de engajamento na realidade local, regional e nacional". (FREIRE, 1994)

2.2 A educação popular para quem está à margem

A educação popular tem sido objeto de preocupação de alguns pensadores (BRANDÃO, 2001; DANZA e TULBOVITZ, 2015; FREIRE, 1987; FREIRE, 2011; FREIRE, 2014; FREIRE, 2014a; FREIRE, 2015; PISTRAK, 2009; SHULGIN, 2013), que discutem o assunto e reconhecem a importância da alfabetização de trabalhadores do campo, jovens, mulheres e de tantos outros grupos que sempre estiveram fora do contexto educacional, mas que são economicamente produtivos. (FREIRE, 2015) Um fato importante a respeito das pessoas que estão à margem do contexto social emerge dos depoimentos presentes na obra *Uma ovelha negra no poder: confissões e intimidades de Pepe Mujica:* "aqueles que se acham derrotados antes de começar a lutar me deixam doente. Você não luta por uma vitória, mas tem de acreditar que vai triunfar, e vai avançando e dando conteúdo à vida." (DANZA; TULBOVITZ, 2015, p. 21) Carlos R. Brandão (2001) apresenta uma opção de vida para os marginalizados, observando que a luta de classe se faz lutando e que a vitória decorre da nossa sobrevivência:

> A descoberta tardia do "subdesenvolvimento" e a invenção da ideia de que nos lugares onde o capital tem interesse nem o Estado tem poder para investir, o próprio povo poderia ser preparado para mudar de vida e mudar as condições locais de vida, deram um novo sentido à função adaptadora da educação, tal como ela aparece e se atualiza em sucessivas propostas de ação. (BRANDÃO, 2001, p. 35)

O EJA – Educação de Jovens e Adultos – muitas vezes tem feito esse papel reivindicado por Brandão (2001): algumas escolas, sejam elas estaduais, municipais ou organizações comunitárias, têm tratado com cuidado este tema e dispõem de cursos no período noturno para os trabalhadores que precisam obter o título do ensino fundamental ou médio. Assim, os trabalhadores podem retornar aos bancos escolares e adquirir conhecimento nas áreas de ciências exatas, humanas, entre outras.

Beisiegel lembra que no II Congresso Nacional de Educação de Adultos, realizado em 1958, Paulo Freire tratou do tema "A educação de adultos e as populações marginais: o problema dos mocambos" (1992, p. 112). Nesse congresso o autor colocou em debate questões relativas à inserção de jovens e adultos na cultura letrada, e comentando, inclusive, que o homem deve estar no mundo, e com o mundo, sendo um sujeito crítico. Em diversos trabalhos, entre eles os realizados em Angicos, Rio Grande do Norte, Brasília, Pernambuco, São Paulo, África, dentre outros, Freire fala com muita propriedade sobre a questão da educação para a classe dita marginal.

A sugestão de Freire, ou melhor, de seu método, a respeito de uma educação para a liberdade e a criticidade, tinha como foco a prática educativa do educador, e tais ideias foram assim sintetizadas por Beisiegel (1992, p. 143-144):

> A intenção de assegurar a coerência entre os procedimentos então recomendados e as perspectivas teóricas que informavam sua compreensão do homem, da educação e da sociedade era bem evidente e estava perfeitamente documentada nas características do próprio método. Como outras importantes criações o método Paulo Freire de alfabetização também apresentava notável simplicidade. [...] Paulo Freire entendia que mesmo as palavras geralmente empregadas para designar os vários elementos da prática educativa, tais como escola, classe, professor, aluno, etc., estavam impregnadas de significações inaceitáveis, conotavam as orientações 'domesticadas' da Educação brasileira tradicional. Por isso mesmo, já a nomenclatura que adotava no método de alfabetização exprimia a intenção de alterar radicalmente as práticas então usuais na educação do adulto analfabeto.

Na continuação, Beisiegel (1992) observa que, no método adotado por Paulo Freire,

> As "classes" eram substituídas pelos "círculos de cultura". Os "alunos" pelos "participantes dos grupos de discussões", os "professores" cediam lugar aos "coordenadores de debates" [...]. De igual modo, a "aula" era substituída pelo "debate" ou pelo "diálogo" entre educador e educandos e o programa por "situações existenciais", capazes de desafiar os agrupamentos e de levá-los a assumirem posições de reflexão e crítica diante das condições dessa mesma existência. (BEISIEGEL, 1992, p. 144)

2.3 Práticas culturais no processo formativo em matemática

As pesquisas de D'Ambrosio (1990) proporcionam um amplo leque de entendimentos a respeito do conhecimento, da globalização, da educação, da matemática, da história, do multiculturalismo, e principalmente, da etnomatemática. O autor tem se preocupado com questões relativas ao ensino de matemática para uma população imersa em sua cultura local.

As práticas desenvolvidas no ensino formal e não formal são levadas em consideração no campo dos conteúdos e das ações escolares, práticas essas que devem ser reconhecidas e não alteradas na sua essência, conforme D´Ambrosio (1990, p. 6):

> Somos assim levados a identificar técnicas ou mesmo habilidades e práticas utilizadas por distintos grupos culturais na sua busca de explicar, de conhecer, de entender o mundo que os cerca, a realidade a eles sensível e de manejar essa realidade em seu benefício e no benefício de seu grupo. Naturalmente, nos situamos aí no contexto etnográfico.

As técnicas empregadas pelas populações autóctones para entender o mundo e seus arredores, apresentadas por D'Ambrosio, dialogam diretamente com as referências culturais locais e regionais: "Dentre essas várias técnicas, habilidades e práticas encontram-se aquelas que utilizam processos de contagem, de medida, de classificação, de ordenação e de inferência." (D'AMBROSIO, 1990, p. 6) Conhecer as práticas culturais locais é o mesmo que buscar entender os significados de diversos atos potencializados para inserir o conhecimento do outro em nossa cultura, além do que ajuda a desconstruir antigas crenças enraizadas no imaginário coletivo, especialmente sobre a matemática, como bem observou Paulus Gerdes (1996, p. 4)

> A educação colonial apresentou, geralmente, a matemática como algo ocidental, europeu, ou como uma criação exclusiva do homem branco. Com a transplantação forçada do currículo – durante os anos 60 – das nações altamente industrializadas para os países do Terceiro Mundo, continuou, pelo menos de uma forma implícita, a negação de uma Matemática africana, asiática, americo-indiana.

Quando falamos em ensino e aprendizagem, principalmente para uma sociedade que vive em ambientes socioculturais diferenciados, temos que levar em conta que os sujeitos do campo são sujeitos sociais carregados de conceitos inerentes à sua vivência no cotidiano do trabalho.

> Esses coletivos em movimentos trazem a consciência política de não terem sido meros destinatários de concepções pedagógicas

> transpostas, mas que as formas de pensá-los e de classificá-los no padrão de poder/saber obrigou o pensamento educacional nas Américas a produzir pedagogias outras, diante dos povos outros a serem subalternizados. (ARROYO, 2014, p. 11)

A política do ensino escolar que se torna visível é um sistema que mescla educação e cultura; os movimentos transitam neste ambiente, e a matemática não fica à margem. Seja na cultura indígena Guarani, Tupi, Kaingang ou Terena, como aponta Maria do Carmo S. Domite (2006), ou na fabricação de cestos utilizando geometria em Moçambique, como menciona Paulus Gerdes (1991), um dos pesquisadores em Educação Matemática; na fabricação de louças, nas cooperativas no norte de Minas Gerais com o grupo Movimento Geraizeiros[5]; na agricultura e pecuária, em todo o território brasileiro (MARTINS, 2014), e em tantas outras práticas, o gesto matemático se manifesta; em todas as culturas, com suas formas pedagógicas e ações educativas diversificadas.

Francisco de Assis Bandeira (2004) destaca que Bill Barton classifica os trabalhos em etnomatemática com base na intencionalidade do autor, relacionando matemática e cultura, classificando-os em duas vertentes:

> [...] a primeira relaciona cultura e matemática, como exemplo, alguns autores se interessam pela natureza do pensamento e da atividade matemática em uma outra cultura; a segunda vertente relaciona cultura e educação matemática, neste caso, alguns autores tentam mostrar que a educação matemática pode ser mais efetiva se são tomados exemplos de contextos culturalmente mais específicos. Em particular, explora a relação entre processos de pensamento de um grupo cultural e a educação matemática. (BANDEIRA, 2004, p. 2)

No contexto estudado, entendemos que a etnomatemática entra como um vetor para a investigação nas escolas do campo, ou nas escolas situadas em comunidades quilombolas, indígenas, extrativistas, pesqueiras, dentre outras. Assim, "na metodologia adotada, se bem que repousemos sobre muita informação de natureza etnográfica, a análise histórica é fundamental." (D'AMBROSIO, 1990, p. 7).

---

[5] Relatório e produção de vídeo do mapeamento documental de uma comunidade e assentamento no norte de Minas Gerais, apresentado na disciplina *Seminário Integrador I*.

Para o nosso recorte, os princípios adotados, a saber: os Organizacionais, Pedagógicos, os Sociopolíticos e Culturais, são essenciais para o desenvolvimento da pesquisa em educação matemática com base na etnomatemática, constituindo-se elementos que fornecem caminhos para o entendimento da investigação em Etnografia.

As questões históricas também são fundamentais, como aponta D'Ambrosio (1996), um exemplo clássico tendo o princípio de uma alavanca simples. Na história da matemática e da ciência Arquimedes demonstrou que a alavanca, uma haste de tamanho x, quando tem um ponto fixo de apoio, poderá mover um objeto qualquer a partir da aplicação de uma força no lado oposto ao do objeto. Segundo Carl B. Boyer (1996, p. 84), "Por uma generalização desse processo, Arquimedes chegou à lei da alavanca por princípios estáticos apenas, sem recorrer ao argumento cinemático aristotélico."

É interessante apontar que o desenvolvimento das teorias científicas da época resultou de "uma conjunção de argumentos cinemáticos e estáticos que produziu progressos tanto na ciência como na matemática." (BOYER, 1996, p. 84) A etnomatemática, nesse caso, tem uma referência nos princípios gerais da natureza, e leva, é claro, à aplicação e à prática na época, da matemática e da ciência exercida por grupos culturais identificados como pensadores gregos.

O conhecimento local, com abordagem em etnomatemática, é algo que tem recebido contribuições de estudiosos como Zaslavsky, Moore, Bishop, Gerdes, Pinxten, Katz, Bassanezi, Ascher e D'Ambrosio, que publicaram no *International Journal For the Learning of Mathematics* de 1994 um número especial sobre Etnomatemática, editado por D'Ambrosio e M. Ascher. (GERDES, 1996, p. 7-8) Para estes pesquisadores é essencial conhecer as questões sociais e culturais dos povos para compreender o valor da diversidade matemática que habita em cada cultura: "conhecimento é a realidade na qual estamos imersos, o conhecimento se manifesta de maneira total, holisticamente e não seguindo qualquer diferenciação disciplinar." (D'AMBROSIO, 1990, p. 8) Nesse sentido, os grupos se desenvolvem por meio de suas técnicas de vivências, no que diz respeito ao aprendizado e conhecimento da matemática.

> Os etnomatemáticos dão atenção ao facto de a matemática (as suas técnicas e verdades) serem um produto cultural; acentuam que cada pessoa – cada cultura, cada subcultura – desenvolve a sua matemática específica. A matemática é considerada como uma atividade universal e panhumana. Como produto cultural, a matemática tem uma história. Sob certas condições económicas, sociais e culturais, ela emergiu e desenvolveu-se em determinadas direções; sob outras condições, ela emergiu e desenvolveu-se noutras direções. Por outras palavras, o desenvolvimento da matemática não é linear. (ASCHER; ASCHER, 1986, p.139-140 *apud* GERDES, 1996, p. 8)

Assim como Ubiratan D'Ambrosio, Paulus Gerdes tem se debruçado há algumas décadas sobre o estudo da etnomatemática, com base nas preocupações que emergem principalmente das culturas latino-americanas. D'Ambrosio (1990) salienta que as críticas sociais começam a tomar força em discussões temáticas que tiveram início nas Conferências Internacionais de Educação Matemática – CIAEM (1966, 1968, 1975 e 1979) – , nos Congressos Internacionais de Educação Matemática – ICME (1968, 1972, 1976, 1980 e 1984) – e nas Reuniões Latino-americanas que intensificaram as comunicações nessas vertentes com olhar para as raízes da política social curricular:

> Os etnomatemáticos enfatizam que a matemática escolar do currículo transplantado e importado é aparentemente alheia às tradições culturais de África, da Ásia ou da América do Sul. Aparentemente, esta matemática vem completamente de fora do Terceiro Mundo. Na realidade, contudo, uma grande parte dos conteúdos desta matemática escolar tem uma origem africana ou asiática. Primeiro, ela foi expropriada no processo de colonização que destruiu enormemente a cultura (científica) dos povos oprimidos. Depois, as ideologias colonialistas ignoravam ou desprezavam o que sobrevivia da matemática africana, asiática ou américo-indiana. As capacidades matemáticas dos povos do Terceiro Mundo foram negadas ou reduzidas à memorização de rotina. Esta tendência tem sido reforçada pela transplantação do currículo (Matemática Moderna) dos países industrializados para os do Terceiro Mundo, nos anos 60. (GERDES, 1996, p. 8)

A comunicação pode se revelar um fator determinante no processo de ensino e aprendizagem de matemática, se pensarmos com D´Ambrosio (1996, p. 24): "o processo de gerar conhecimento como ação é enriquecido pelo intercâmbio com outros, imersos no mesmo processo, por meio do que chamamos comunicação." (D'AMBROSIO, 1996, p. 24) Nesse sentido, a relação envolvendo a proximidade e a troca de experiências com coletivos de assentamentos ou não, viabiliza o compartilhamento da cultura, resultando em um processo histórico de trocas culturais denominado interculturalidade:

> Quando sociedades (e portanto sistemas culturais) encontram-se e expõem-se mutuamente, elas estão sujeitas a uma dinâmica de interação que produz um comportamento *intercultural* que se manifesta em grupos de indivíduos, em comunidades, em tribos e nas sociedades como um todo. A interculturalidade vem se intensificando ao longo da história da humanidade. Particularmente importante pelas consequências que dela resultaram foi a decorrente do período chamado "grandes navegações", a partir da segunda metade do século XV e que resultou numa globalização da visão de mundo e da ação política. Novos códigos e símbolos foram conhecidos, novas culturas foram identificadas e alguns códigos e símbolos universalizaram-se, afetando profundamente as maneiras de explicar, de conhecer, de conviver com e de manejar a realidade natural, social e cultural. (D'AMBROSIO, 1996, p. 25)

Cabe lembrar que a linguagem, em todas as culturas, é elemento essencial de comunicação, uma vez que os símbolos e códigos fornecem as reais bases para o entendimento das comunidades e de suas práticas, crenças e valores. Nas escolas do campo, durante o estágio, os futuros professores podem compreender as práticas formativas através de exemplos concretos que são tratados nas aulas de matemática. Por meio da vivência adquirida nas escolas do campo visitadas, assim como dos conteúdos trabalhados na própria universidade, os estagiários terão possivelmente embasamento para discutir as ações educativas no contexto analisado. No entanto, os futuros docentes não poderão em hipótese alguma ter "qualquer postura ingênua em face deste processo, da qual resultem que fazeres igualmente ingênuos, podem conduzir a erros e a equívocos funestos. Um desses equívocos, por exemplo, pode ser o de reduzir a ação transformadora a um ato mecânico." (FREIRE, 2015, p. 45)

Sabemos que as práticas desenvolvidas no ambiente escolar devem se ajustar às peculiaridades de cada comunidade, seja em assentamentos da reforma agrária, em pequenas vilas, ou nas zonas rurais. O fazer e o saber matemático escolar, a história vivida pelos coletivos nas escolas de ensino fundamental e médio são experiências que os próprios alunos estagiários podem descrever com suas idas e vindas, nas observações das aulas e nos trabalhos desenvolvidos na disciplina de Estágio Supervisionado. Assim, as concepções de D'Ambrosio, citadas no Plano Decenal de Educação para Todos, reforçam nossa tese: "os conteúdos e métodos de educação precisam ser desenvolvidos para servir às necessidades básicas de aprendizagem dos indivíduos e das sociedades, proporcionando-lhes o poder de enfrentar seus problemas mais urgentes." (D'AMBROSIO, 1997, p. 124)

D´Ambrosio destaca também que os problemas que carecem de atenção no Brasil, e que devem ser necessariamente resolvidos são, principalmente, o "combate à pobreza, aumento da produtividade, melhoria das condições de vida e proteção ao meio ambiente." (D'AMBROSIO, 1997, p. 124) Os termos elencados pelo autor – pobreza, produtividade, condição de vida, meio ambiente – vão ao encontro dos princípios da Educação do Campo, especialmente daqueles contemplados pelo curso de Licenciatura em Educação do Campo com habilitação em Matemática da universidade que serviu de referência à nossa pesquisa. Na próxima seção discutiremos sobre o Estágio Supervisionado e sua legislação vigente para formação de professores da escola básica.

2.4 A importância do estágio supervisionado para a formação docente

O Estágio Supervisionado é o primeiro momento da vivência na carreira docente. Existe uma sinalização no Parecer CNE/CP 28/2001 em prol do aumento da carga horária da disciplina de Estágio Supervisionado para os cursos de licenciatura. Essa discussão tem o intuito de proporcionar melhores condições de formação nos cursos de graduação, segundo as exigências das Diretrizes Curriculares Nacionais, as quais indicam que "As trezentas horas são apenas o mínimo abaixo do qual não se consegue dar conta das exigências de qualidade. Assim, torna-se procedente acrescentar ao tempo mínimo já estabelecido em lei (300 horas) mais (1/3) desta carga, perfazendo um total de 400 horas" (PARECER CNE/CP Nº. 28/2001, p. 10).

De acordo com o Parecer CNE/CEB, nº 35/2003, na sua página 9, o estágio supervisionado não pode ser confundido com o chamado "primeiro emprego", haja vista que "O estágio supervisionado é antes de tudo, uma atividade curricular da escola, um ato educativo assumido intencionalmente pela escola, de propiciar uma integração dos estudantes com a realidade do mundo do trabalho." Ainda segundo o referido parecer, o estágio supervisionado pode se constituir uma via para que os alunos, depois de receberem qualificação prática, "pela experiência no exercício profissional ou social, acompanhado e supervisionado profissionalmente, o que o torna uma atividade facilitadora da obtenção de um trabalho, na maior parte das vezes, do "primeiro emprego". (PARECER CNE/CEB Nº. 35/2003, p. 9)

Outro incentivo nesta mesma direção identificamos no Parecer CNE/CP nº. 2/2015, Artigo 13, parágrafo primeiro, no inciso II, das Diretrizes Curriculares Nacionais para a Formação Inicial e Continuada dos Profissionais do Magistério da Educação Básica:

> Art. 13. Os cursos de formação inicial de professores para a educação básica em nível superior, em cursos de licenciatura, organizados em áreas especializadas, por componente curricular ou por campo de conhecimento e/ou interdisciplinar, considerando-se a complexidade e multirreferencialidade dos estudos que os englobam, bem como a formação para o exercício integrado e indissociável da docência na educação básica, incluindo o ensino e a gestão educacional, e dos processos educativos escolares e não escolares, da produção e difusão do conhecimento científico, tecnológico e educacional, estruturam-se por meio da garantia de base comum nacional das orientações curriculares.
> II - 400 (quatrocentas) horas dedicadas ao estágio supervisionado, na área de formação e atuação na educação básica, contemplando também outras áreas específicas, se for o caso, conforme o projeto de curso da instituição. (BRASIL, 2015, p. 50)

De tal modo, apreendemos que o "movimento de valorização da pesquisa no estágio no Brasil tem suas origens no início dos anos de 1990, a partir do questionamento que então se fazia, no campo da didática e da formação de professores, sobre a indissociabilidade entre teoria e prática." (PIMENTA, 2012, p. 46-47) A carga horária de 400 horas para o estágio supervisionado para os cursos de licenciatura são compatíveis com a realidade, pois é nesse momento que o vínculo entre teoria e prática irá se fazer presente, porém sabemos da complexidade que envolve a profissão de professor e a prática educativa, operada no ambiente escolar diariamente em contato com as pessoas envolvidas na ação educacional dentro e fora da sala de aula.

O Artigo 13, parágrafo sexto, do Parecer CNE/CP nº. 2/2015, das Diretrizes Curriculares Nacionais para a Formação Inicial e Continuada dos Profissionais do Magistério da Educação Básica, também acena para a obrigatoriedade da disciplina de Estágio Supervisionado nos cursos de licenciatura:

> § 6º O estágio curricular supervisionado é componente obrigatório da organização curricular das licenciaturas, sendo uma atividade específica intrinsecamente articulada com a prática e com as demais atividades de trabalho acadêmico. (BRASIL, 2015, p. 50)

Cabe ressaltar que os educandos envolvidos nesta pesquisa são outros, geralmente oriundos de outros ambientes sociais; os professores também devem estar preocupados com a história dos estudantes, com as possíveis lutas que enfrentam em seus contextos. Dito isso, perguntamos: como trabalhar com as classes sociais menos favorecidas? Vale considerar, como parte da resposta à pergunta anterior, as considerações de Miguel Arroyo (2014, p. 90): "Se todo conhecimento tem sua origem nas experiências sociais, os trabalhadores em seus movimentos trazem experiências e conhecimentos radicais sobre as relações entre trabalho/conhecimento."

Nas escolas da zona rural ou situadas nas cidades de médio e grande porte, encontramos situações de descaso, como mencionado em Alberto Luiz P. da Costa (2017) no artigo *Políticas Públicas na Educação do Campo: fincando estacas na lama e aterro com tijolos para chegar até a escola.* Neste texto o autor apresenta um relato de escolas públicas e de uma universidade cujas infraestruturas foram observadas de 2010 a 2015. Um dado interessante e desconexo do real processo de ensino e aprendizagem consiste no fato de que os educandos do período noturno assistem aulas em uma sala em construção, semelhante a um almoxarifado, algo que nos remete à ideia da pedagogicidade do espaço postulada por Freire (2006, p. 45): "A eloquência do discurso pronunciado na e pela limpeza do chão, na boniteza das salas, na higiene dos sanitários, nas flores que adornam. Há uma pedagogicidade indiscutível na materialidade do espaço." No que se refere à universidade, Costa (2016) destaca a relação escola e trabalho desenvolvido pelos educandos[6].

Imaginemos então as escolas, ou ainda as escolas ditas experimentais, situadas nas comunidades periféricas, distritos, zona rural ou em contextos de movimentos do campo. É claro que não devemos levar em consideração apenas a estética do ambiente escolar, mas sim, as condições mínimas de recursos humanos e tecnológicos. Acreditamos que o Estágio Supervisionado, realizado em um ambiente assim constituído, pode ser muito enriquecedor, pois os educandos podem desenvolver múltiplos olhares a respeito da escola e da comunidade, onde quer que venha a realizar seu estágio. Todavia, os currículos nas escolas do campo devem contemplar as histórias que realmente esses indivíduos sociais compartilham diariamente em suas vidas.

> Nesse reafirmar a centralidade formadora do trabalho, da terra, da produção, defendem formas mais radicais de educação e de instrução: a escola do trabalho, a participação das crianças e adolescentes nas atividades de cuidar, produzir a vida, de participar nas lutas contra a expropriação de suas terras, da destruição da agricultura camponesa, quilombola, indígena ou contra o desemprego, a precarização do trabalho e da produção do espaço, da moradia, da vida, nas cidades. Defendem currículos, material didáticos, temas geradores que mostrem as pedagogias alienantes a que são submetidos desde crianças, em trabalhos desumanos, em formas precaríssimas de reprodução de seu viver. (ARROYO, 2014, p. 89-90)

[6] Material produzido no formato de vídeo para apresentação no Seminário Integrador, do curso de Licenciatura em Educação do Campo, o foco nas produções de relação da comunidade e do trabalho de educandos matriculados no curso.

Durante o Estágio Supervisionado, os licenciandos levam e trazem práticas sociais para as escolas, pois o povo tem sua própria cultura, e os futuros professores podem trazer para o ambiente escolar suas próprias memórias, as quais, por extensão, são também as memórias da classe trabalhadora e camponesa. É fundamental entender os valores e os saberes da população que vive em áreas distintas e distantes, pois estes cidadãos encontram-se em constante luta com a terra e em constantes movimentos pela adoção de políticas públicas que venham minimizar os problemas envolvendo a falta de água, de saneamento básico e de outras demandas sociais.

A respeito da formação de professores e das diretrizes curriculares, encontramos diversos discursos favoráveis à causa, como no Artigo 5, incisos I a IX das Diretrizes Curriculares Nacionais:

Art. 5. A formação de profissionais do magistério deve assegurar a base comum nacional, pautada pela concepção de educação como processo emancipatório e permanente, bem como pelo reconhecimento da especificidade do trabalho docente, que conduz à práxis como expressão da articulação entre teoria e prática e à exigência de que se leve em conta a realidade dos ambientes das instituições educativas da educação básica e da profissão, para que se possa conduzir o(a) egresso(a):

> I - à integração e interdisciplinaridade curricular, dando significado e relevância aos conhecimentos e vivência da realidade social e cultural, consoantes às exigências da educação básica e da educação superior para o exercício da cidadania e qualificação para o trabalho;
> II - à construção do conhecimento, valorizando a pesquisa e a extensão como princípios pedagógicos essenciais ao exercício e aprimoramento do profissional do magistério e ao aperfeiçoamento da prática educativa;
> III - ao acesso às fontes nacionais e internacionais de pesquisa, ao material de apoio pedagógico de qualidade, ao tempo de estudo e produção acadêmica-profissional, viabilizando os programas de fomento à pesquisa sobre a educação básica;
> IV - às dinâmicas pedagógicas que contribuam para o exercício profissional e o desenvolvimento do profissional do magistério por meio de visão ampla do processo formativo, seus diferentes ritmos, tempos e espaços, em face das dimensões psicossociais,

> histórico-culturais, afetivas, relacionais e interativas que permeiam a ação pedagógica, possibilitando as condições para o exercício do pensamento crítico, a resolução de problemas, o trabalho coletivo e interdisciplinar, a criatividade, a inovação, a liderança e a autonomia;
> V - à elaboração de processos de formação do docente em consonância com as mudanças educacionais e sociais, acompanhando as transformações gnosiológicas e epistemológicas do conhecimento;
> VI - ao uso competente das Tecnologias de Informação e Comunicação (TIC) para o aprimoramento da prática pedagógica e a ampliação da formação cultural dos(das) professores(as) e estudantes;
> VII - à promoção de espaços para a reflexão crítica sobre as diferentes linguagens e seus processos de construção, disseminação e uso, incorporando-os ao processo pedagógico, com a intenção de possibilitar o desenvolvimento da criticidade e da criatividade;
> VIII - à consolidação da educação inclusiva através do respeito às diferenças, reconhecendo e valorizando a diversidade étnico-racial, de gênero, sexual, religiosa, de faixa geracional, entre outras;
> IX - à aprendizagem e ao desenvolvimento de todos(as) os(as) estudantes durante o percurso educacional por meio de currículo e atualização da prática docente que favoreçam a formação e estimulem o aprimoramento pedagógico das instituições. (BRASIL, 2015, p. 4)

Os esforços para melhorar a qualidade na formação de professores são visíveis, porém ainda não alcançaram as reais necessidades dos trabalhadores e trabalhadoras em exercício no ambiente escolar. A Lei nº 9.394 de 20 de dezembro de 1996 elege a expansão dos meios educacionais como a mola propulsora do sucesso dos futuros educadores, e os educadores em atuação como um lugar especial de argumentos a favor de toda a educação brasileira.

No entanto, os discursos falaciosos tendem a sufocar a educação libertadora e crítica tão defendida por Paulo Freire. Encontramos resistências no campo da própria formação inicial, seja por parte dos educandos ou por parte da direção escolar. O motivo é que ainda nos deparamos com gestores de escolas que não aceitam estudantes para exercer o Estágio Supervisionado, embora o Art. 82 da LDB garanta que "os sistemas de ensino estabelecerão as normas para realização dos estágios dos alunos regularmente matriculados no ensino médio ou superior em sua jurisdição." (BRASIL, 1996, p. 31)

O Estágio Supervisionado merece um destaque especial na formação de professores, pois é neste momento que o educando poderá ir desenvolvendo paulatinamente um olhar de pesquisador, ou seja, um olhar crítico sobre sua prática, como nos leva a entender Selma G. Pimenta e Maria Socorro L. Lima (2012, p. 46): "A pesquisa no estágio é uma estratégia, um método, uma possibilidade de formação de estagiário como futuro professor. Ela pode ser também uma possibilidade de formação e desenvolvimento dos professores da escola na relação com os estagiários."

Entendemos que o estágio na formação de professores, com um viés para pesquisa, possibilita o entendimento do setor da educação na sua totalidade. Para os alunos, as anotações sobre o ambiente escolar ajudam a ampliar o conhecimento do local em que irão atuar, algo que deve ser feito no "caderno de campo":

> Caderno do Campo: serve este caderno para que os alunos registrem as suas reflexões sobre o ensinar e aprender, não necessariamente ligados à escola ou ao Curso (em um primeiro momento), para que mais tarde registrem as constatações, as análises e as reflexões sobre a realidade familiar, sócio profissional e educacional da sua comunidade de origem (ou na qual desenvolvem as suas atividades docentes). Como registro de constatações, análises e reflexões provenientes de observações e de pesquisas desenvolvidas junto da comunidade, este caderno revelar-se-á como um instrumento básico de registro da evolução das aprendizagens dos alunos, que poderão em qualquer momento regressarem a esses registros, refletir sobre o que entretanto foi aprendido desde o momento em que foi escrito o registro inicial e, mesmo alterar esse registro (completando-o, alterando-o ou, mesmo, suprimindo-o) [...] O Caderno de Campo que será o registro das constatações, as análises e as reflexões sobre a realidade familiar e sócio profissional vivida pelos licenciandos. Durante o processo de formação esse material é reestruturado de forma contínua de acordo com as novas expectativas e vivências de cada licenciando. (UF, 2014, p. 55)

A redação do Parecer CNE/CP nº. 28/2001 resume a essência do currículo sobre o estágio: aprender a prática e a relação entre o ofício educacional e o tempo para exercer essa atividade:

> Estágio curricular de ensino entendido como o tempo de aprendizagem que, através de um período de permanência, alguém se demora em algum lugar ou ofício para aprender a prática do mesmo e depois poder exercer uma profissão ou ofício. Assim o estágio curricular supervisionado supõe uma relação pedagógica entre alguém que já é um profissional reconhecido em um ambiente institucional de trabalho e um aluno estagiário. Por isso é que este momento se chama estágio curricular *supervisionado.* (PARECER CNE/CP nº. 28/2001, p. 10)

O Estágio Supervisionado deve contribuir para as concepções do educando em conformidade ao seu futuro trabalho, como ser pensante em processo de formação, e o ambiente escolar lotado de suas crenças, frustações e tensões, que também refletem no sujeito histórico, carregado de ideais, de saberes que a vida lhe proporcionou antes mesmo de atuar na escola. De acordo com o Parecer CNE/CP nº 28/2001, p. 10, o estágio supervisionado

> [...] é um momento de formação profissional do formando seja pelo exercício direto *in loco*, seja pela presença participativa em ambientes próprios de atividades daquela área profissional, sob a responsabilidade de um profissional já habilitado. Ele não é uma atividade facultativa sendo uma das condições para a obtenção da respectiva licença. Não se trata de uma atividade avulsa que angarie recursos para a sobrevivência do estudante ou que se aproveite dele como mão-de-obra barata e disfarçada. Ele é necessário como momento de preparação próxima em uma unidade de ensino.

Na formação de professores o estágio proporciona uma determinada amplidão de afazeres que fazem com que o futuro trabalhador tenha uma visão empírica da atuação do posto de trabalho. "A distribuição da carga horária dos Estágios Curriculares Supervisionados, tendo em atenção os objetivos que estão definidos para cada um dos Estágios será a seguinte" (UF, 2014, p. 61):

> Estágio Curricular Supervisionado I – 15 (quinze) horas-aula teóricas, 15 (quinze) horas-aula AD e 90 (noventa) horas-aula práticas. Destas horas, 05 (cinco) horas-aula teóricas decorrerão dentro

> do período Tempo-Escola (TE), as restantes horas-aula teóricas ocorrerão em dois momentos distintos no período de Tempo-Comunidade (TC – 05 –cinco horas-aula dois meses após o término do TE respectivo e 05 – cinco horas-aula quatro meses após o término do TE). As horas teóricas servirão para, no TE, transmitir instruções aos alunos sobre os objetivos deste estágio, preparar os alunos para as atividades que terão de desenvolver no TC e explicar e fornecer aos alunos as ferramentas e instrumentos que deverão usar nos Estágios para registro de suas atividades no âmbito do Estágio Curricular Supervisionado I. Quanto a essas 10 (dez) horas-aula teóricas (do TC), quando o(s) professor(es) orientador(es) se deslocarem às comunidades de origem de seus alunos, se dedicarão a esclarecer questões levantadas pelos alunos e desenvolver estratégias que eles deverão implementar nos momentos seguintes do Estágio. Estas horas presenciais no TC também deverão constituir-se como momentos para despoletar a reflexão nos licenciandos sobre as questões referentes aos espaços educativos formais e não formais por eles já visitados. As 15 (quinze) horas-aula AD serão usadas pelo(s) professor(es) orientador(es) durante o TC, de modo a desenvolverem atividades conjuntas com seu grupo de alunos (através das ferramentas digitais à sua disposição, como fóruns, correio eletrônico ou outras, para a colocação de questionamentos por parte dos alunos e a procura colaborativa de respostas que possam ajustar-se às realidades experienciadas pelos alunos). As horas AD servirão para a socialização no grupo-turma das experiências vividas pelos alunos em diversos contextos de educação não formal. As restantes 90 (noventa) horas-aula constituirão a componente de imersão em espaços educativos formais e não formais (incluindo escolas de cegos ou dirigidas a outras populações específicas, momentos de EJA, visitas estruturadas a museus, zoológicos, centros de Ciência, exposições e ou outros espaços educativos não formais).

Os licenciandos devem desenvolver as atividades em diversos lugares, como descrito acima; assim poderão conhecer diversos ambientes educativos formais e não formais de ensino.

Esses licenciandos em formação terão a oportunidade, ao entrar em contato com a escola e seu entorno, bem como com todo o contexto social e cultural que a envolve,

- De ampliar sua visão de mundo;
- De potencializar sua capacidade de compreensão do processo educacional;

- De pensar a práxis educacional associada ao cotidiano e à cultura da escola e à sua comunidade;
- E, a partir da somatória das práticas anteriormente citadas, este futuro professor obterá as ferramentas necessárias para o seu desenvolvimento profissional.

Assim, com base nessas experiências e vivências, relacionando teoria e prática, o professor em formação expandirá seu repertório de saberes.

3

Superação em lutar para o *ser mais*

Quando alguém ou alguma coisa se fazem importantes para o outro nasce um valor que mobiliza todas as energias vitais.
Leonardo Boff

3.1 Problematizando a investigação

Nesta seção procedemos à apresentação do problema de pesquisa, do objetivo geral e da questão de pesquisa, dos objetivos específicos e dos procedimentos metodológicos utilizados.

Este trabalho surgiu das nossas preocupações com a formação dos professores que lecionam Matemática nas escolas do Campo. O curso de Licenciatura em Educação do Campo é recente nas universidades brasileiras, por isso entendemos ser pertinente a investigação de como se dá a formação inicial de professores a partir da oficialização do curso, uma vez que a demanda para tal é significativa, especialmente pelo fato de ser um curso de licenciatura com vistas à formação de alunos oriundos do campo.

É possível que o acolhimento – moradia, alimentação, transporte etc. – que o curso de Licenciatura em Educação do Campo oferece para seus educandos contribua para o aumento da demanda. Que é justo! Vale destacar que o curso tem chamado a atenção dos alunos para a graduação em formação de professores num momento em que muitas licenciaturas encontram-se com baixa procura ou com evasão em todo o território nacional. Se a demanda existe, então por que não incentivar a implantação de cursos para as pessoas do campo?

O fato de as universidades públicas federais terem instituído, em 2014, o curso de Licenciatura em Educação do Campo com habilitação em Ciências da Natureza e Matemática nos motivou a analisar mais detalhadamente o processo formativo nelas realizado por meio do Estágio Supervisionado I, e verificar as possibilidades e as fronteiras que a disciplina do curso abre para os graduandos no que diz respeito ao conhecimento da profissão docente, por meio da vivência nas escolas do campo.

Esta linha de pesquisa se justifica porque, de acordo com Paulo Freire, ensinar exige apreensão da realidade, conhecimento da experiência educacional condizente com a sua realidade: "Como professor preciso me mover com clareza na minha prática. Preciso conhecer as diferentes dimensões que caracterizam a essência da prática, o que me pode tornar mais seguro no meu próprio desempenho." (FREIRE, 2006, p. 68)

Esta pesquisa torna-se ainda mais importante porque, até onde sabemos, ainda não existem trabalhos acadêmicos que investiguem o papel da disciplina de Estágio Supervisionado na Licenciatura em Educação do Campo relativa à habilitação em Matemática, ou seja, que dê conta de relatar o que realmente ocorre durante seu desenvolvimento, principalmente com relação aos saberes necessários para a atuação dos egressos no ensino de Matemática nas escolas do campo.

Supomos, inicialmente, que a disciplina de estágio consiste em um dos momentos essenciais para o futuro professor, pois é nessa ocasião que o profissional em desenvolvimento terá a oportunidade de aproximar-se da realidade na qual será futuramente inserido. Os desafios são muitos; as contradições, resistências e conflitos são comuns e inerentes ao ato de estagiar; nem sempre a dinâmica do estágio é compreendida de imediato pelo aluno que se desloca até a escola para cumpri-lo. Pimenta e Lima (2012) observam que "O fato de o aluno estagiário não compreender a própria dinâmica do estágio e de sua presença na escola dificulta a superação de dificuldades surgidas no percurso." Para que essas dificuldades sejam razoavelmente superadas, as autoras sugerem que tanto os fundamentos, como a natureza e os objetivos do estágio precisam ficar muitos claros para o aluno, de modo que, quanto mais claras forem as possibilidades e os limites curriculares, "mais fácil fica a compreensão do processo." (PIMENTA; LIMA, 2012, p. 105)

A respeito das atividades que foram propostas e analisadas, dentro da escola do campo e em seu entorno, observamos que o tempo do calendário escolar do curso investigado é distinto dos habituais, sendo denominado *Pedagogia da Alternância.* O Relatório de Pesquisa do INCRA (2015) destaca este calendário que propõe metodologias voltadas à formação de alunos camponeses fora do tempo de colheita, com o intuito de diminuir a evasão nos cursos oferecidos para essa classe de trabalhadores:

> Para cumprimento da formação dos educadores à qual se refere o decreto[7], foram adotadas metodologias de educação em regime de alternância, visando garantir a adequada formação de profissionais para a educação do campo, de forma concomitante com sua atuação profissional. Por meio de atividades de ensino, pesquisa e extensão, são utilizadas metodologias adequadas, inclusive a pedagogia da alternância, sem prejuízo de outras que atendam às especificidades da educação do campo. (INCRA, 2015, p. 12)

A Pedagogia da Alternância é uma metodologia criada por camponeses da França em 1938, para contribuir com a formação dos filhos dos trabalhadores rurais. No Brasil, alguns cursos de Pedagogia em Educação do Campo e cursos de Licenciatura em Educação do Campo têm utilizado esse método no processo de ensino-aprendizagem, denominado Tempo-Escola (TE) e Tempo-Comunidade (TC) (INCRA, 2015).

Entende-se por TE os períodos intensivos de formação presencial, no campus da universidade, e por TC os períodos de formação nas comunidades de origem dos estudantes. No TE as aulas presenciais são ofertadas nos meses de recesso escolar, preferencialmente

[7] No que se refere à formação de educadores, o Decreto no 7.352/2010, em seu Art. 5°, orienta que a educação do campo deverá observar os princípios e os objetivos da Política Nacional de Formação de Profissionais do Magistério da Educação Básica, conforme disposto no Decreto no 6.755/2009, e será orientada, no que couber, pelas diretrizes estabelecidas pelo Conselho Nacional de Educação (CNE). (INCRA, 2015, p. 12)

em janeiro e julho, podendo esse calendário ser alterado por necessidade da instituição e ser aplicado em período integral – manhã, tarde e noite – nas dependências da universidade. No TC a formação é realizada nas comunidades de origem dos alunos e/ou em alguns dos polos localizados, e, no nosso caso, nos municípios do Sudeste brasileiro.

No âmbito da educação, a disciplina Estágio Supervisionado é vista como uma oportunidade para que o futuro professor entre em contato com a realidade que irá vivenciar no exercício de sua profissão. Tradicionalmente, o estágio sempre foi identificado, como aponta Pimenta e Lima (2012), com a parte prática dos cursos de formação de professores em contraposição à teoria. No entanto, pesquisadores como Fiorentini e Castro (2003), assinalam que o estágio é o momento especial do processo de formação, por ser nele que ocorre a transição da condição de aluno para a de professor. O artigo 1º da Lei 11.788 de 25/09/2008 define o Estágio como

> [...] ato educativo escolar supervisionado, desenvolvido no ambiente de trabalho, que visa à preparação para o trabalho de educandos que estejam frequentando o ensino regular em instituições de educação superior, de educação profissional, de ensino médio, da educação especial e dos anos finais do ensino fundamental, na modalidade profissional a educação de jovens e adultos. (BRASIL, 2008)

Embora já existam alguns cursos de Licenciatura em Educação do Campo, não existe ainda uma ideia formada sobre como deveria ser o Estágio Supervisionado I na licenciatura em Matemática no que diz respeito ao campo. Dessa forma, podemos considerar que o espaço educativo que estamos mencionando é um território ainda pouco explorado e será construído com base em outro tempo-espaço em relação ao que conhecemos.

Os caminhos do estágio – para quem ainda não é docente, e principalmente para os estagiários que estão passando por um processo de ensino e aprendizagem em um espaço diferenciado –, são percursos que devem ser bem trilhados pelos estudantes. De acordo com Pimenta e Lima (2012), durante o Estágio,

> Os conhecimentos e as atividades que constituem a base formativa dos futuros professores têm por finalidade permitir que estes se apropriem de instrumentos teóricos e metodológicos para a compreensão da escola, dos sistemas de ensino e das políticas educacionais. Essa formação tem por objetivo preparar o estagiário para a realização de atividades nas escolas, com os professores nas salas de aulas, bem como para o exercício de análise, avaliação e crítica que possibilite a proposição de projetos de intervenção a partir dos desafios e dificuldades que a rotina do estágio nas escolas revela. (PIMENTA; LIMA, 2012, p. 102)

Assim, o estudante, no curso de seu processo educacional, tanto durante a graduação como no momento do estágio, terá a oportunidade de conviver com o professor da escola do campo e com outras necessidades inerentes a esse ambiente escolar. Será que este futuro docente vai conseguir acompanhar o ritmo de trabalho do cotidiano da escola, sem muitos entraves? Por outro lado, se esses estudantes estão familiarizados com as demandas do território rural, então esta disciplina seria mais bem explorada no Estágio Supervisionado, tomando como base o meio social em que eles vivem?

Segundo D'Ambrosio (1996, p. 91):

> Cada indivíduo tem sua prática. Todo professor, ao iniciar sua carreira, vai fazer na sala de aula, basicamente, o que ele viu alguém, que o impressionou, fazendo. E vai deixar de fazer algo que viu e não aprovou. Essa memória de experiência é impregnada de emocional, mas aí entra também o intuitivo – aqueles indivíduos que são considerados "o professor nato". Mas sem dúvida o racional, isto é, aquilo que se aprendeu nos cursos, incorpora-se à prática docente. E à medida que vamos exercendo, a crítica sobre ela, mesclada com observações e reflexões teóricas, vai nos dando elementos para aprimorá-la.

No momento do estágio, durante a observação e principalmente a vivência na sala de aula, o futuro docente que está em processo de formação inicial terá que exercer a prática educativa, mas sabemos que esta advém de momentos marcados por trocas de perguntas e respostas com *feedbacks,* reflexões a respeito de assuntos pertinentes ao andamento da aula. Para que isso aconteça, é necessário o preparo ao longo de todo o curso de licenciatura e uma carga razoável de estudo das disciplinas pedagógicas que darão suporte à prática docente. Pimenta e Lima salientam que "a profissão docente é prática e que aprendemos a profissão conforme a perspectiva da imitação, e às vezes, da reelaboração dos modelos existentes na prática consagrados como bons" (2012, p. 35).

3.2 Pistas da investigação à procura de uma educação popular

Em termos gerais, nossa proposta inicial consistia em investigar o contexto do Estágio Supervisionado I na Constituição do Curso de Licenciatura em Educação do Campo para a formação do professor com habilitação em Matemática, especificamente daquele que pretende atuar nas escolas do campo. E, a partir disso, pretendíamos responder à seguinte questão de investigação: "Como tem se constituído a Licenciatura em Educação do Campo com habilitação em Matemática em uma determinada universidade pública brasileira, tendo em vista a experiência vivenciada pelo estagiário no contexto da disciplina de Estágio Supervisionado I?"

Em termos mais específicos, pretendíamos:

- Traçar o perfil dos alunos matriculados no curso de Educação do Campo.
- Analisar a estrutura e a concepção do curso de Licenciatura em Educação do Campo com habilitação em Ciências da Natureza e Matemática.
- Examinar as potencialidades dos educandos na elaboração de narrativas de observações feitas por eles durante a realização do estágio.
- Discutir a essência do momento do estágio para os estudantes, por meio de narrativas e círculos de discussão dentro e fora da universidade.
- Verificar a importância do estágio pelos graduandos dada às observações feitas nas aulas ministradas durante o estágio e seu entorno na comunidade.

- Descrever e analisar as atividades propostas na disciplina Estágio Supervisionado I e como os estudantes as realizam nas escolas da educação básica, seu campo de estágio.

3.3 A investigação: os meandros de uma educação para o diálogo

A priori, nossa proposta consistia em apresentar um estudo qualitativo de caso etnográfico, com vistas a compreender mais detalhadamente o grupo social examinado, com base nas observações esboçadas por Helena Bomeny acerca da realidade social investigada, segundo a qual uma pesquisa deve se ocupar "dos porquês de costumes, crenças e comportamentos, dando ao pesquisador instrumentos para refletir sobre as particularidades da realidade social investigada." (BOMENY, 2013, p. 366)

De acordo com Ubiratan D´Ambrosio, uma pesquisa dessa natureza, denominada etnográfica, "é focalizada no indivíduo, com toda a sua complexidade, e na inserção e interação com o ambiente sociocultural e natural. O referencial teórico, que resulta de uma filosofia do pesquisador, é intrínseco ao processo." (1996, p. 103) Segundo Dario Fiorentini e Sergio Lorenzato, a investigação com essa característica se realiza também "junto aos comportamentos naturais das pessoas quando essas estão conversando, ouvindo, trabalhando, estudando em classe, brincando, comendo [...]" (2012, p. 107)

Para a coleta e análise dos dados nos baseamos na pesquisa etnográfica sugerida por Lévi-Strauss (1945, 1958, 2011)[8], André (1995), Fiorentini e Lorenzato (2012), dentre outros. Philippe Descola (2009), baseado em Lévi-Strauss, concebe a etnografia como um tipo de pesquisa "analítica e descritiva, que corresponde aos primeiros estágios da pesquisa: é a pesquisa de campo e a coleta dos dados mais diversos sobre uma sociedade particular, que em geral resulta num estudo monográfico circunscrito no tempo e no espaço." (LÉVI-STRAUSS, 1958 *apud* DESCOLA, 2009, p. 3) Nesse sentido, as concepções de

[8] É citado o referencial teórico de Lévi-Strauss, uma vez que o pesquisador desenvolveu suas principais pesquisas em território brasileiro, em comunidades tradicionais.

Lévi-Strauss (1997) servem de suporte para a discussão em andamento, pois o pesquisador destaca que, "como o *bricoleur,* no plano técnico, a reflexão mítica pode alcançar, no plano intelectual, resultados brilhantes e imprevistos." (LÉVI-STRAUSS, 1997, p. 32)

Este trabalho pode ser caracterizado como do tipo etnográfico em educação, dado que "ele faz uso das técnicas que tradicionalmente são associadas à etnografia escolar, ou seja, *a observação participante, a entrevista intensiva e a análise de documentos.*" (ANDRÉ, 1995, p. 24, grifos nossos) A respeito desse tipo de pesquisa, Marli Eliza D. A. de André (1995) comenta que, no que tange à ação educativa, existem algumas dimensões no estudo da infraestrutura e da prática escolar cotidiana: "Através basicamente da observação participante ele [o pesquisador] *vai procurar entender essa cultura, usando para isso uma metodologia que envolve registro de campo, entrevistas, análises de documentos, fotografias, gravações. Os dados são considerados sempre inacabados.*" (ANDRÉ, 1995, p. 31, grifos nossos) A autora explica ainda que o observador/pesquisador

> [...] não pretende comprovar teorias nem fazer "grandes" generalizações. O que busca, sim, é descrever a situação, compreendê-la, revelar os seus múltiplos significados, deixando que o leitor decida se as interpretações podem ou não ser generalizáveis, com base em sua sustentação teórica e sua plausibilidade. (*idem*)

A pesquisa documental procurou compreender a concepção do curso de licenciatura em questão e o papel do estágio em sua estrutura. Para isso foi realizada a análise de documentos das Atas do colegiado do curso, Atas do Conselho de Ensino (Coens), do projeto pedagógico do curso e documentos oficiais do PRONERA, narrativas dos gestores[9] anteriores, edital da SECADI e arquivos da Casa Terra (antiga secretaria da Licenciatura em Educação do Campo). Foram analisados também os materiais produzidos, tais como: narrativas, observação e círculos de discussão em sala de aula na universidade, aplicação de questionários para os estudantes universitários que moram em cidades de pequeno

[9] Todas as vezes que mencionarmos gestores ou coordenadores, estamos nos referindo a ex coordenadora e ao ex vice coordenador do Curso de Licenciatura em Educação do Campo.

porte e zona rural, que em sua maioria são do campo e comunidades e que, de alguma maneira, utilizam a Matemática no seu cotidiano escolar. Consideramos também como dados coletados as anotações feitas em campo como discussão, diário de campo do pesquisador-popular, gravações de áudio e outros, seguindo orientações da pesquisa etnográfica estipulada por Fiorentini e Lorenzato (2012).

A *entrevista intensiva* com Beatriz e Inácio, ex coordenadores da Licenciatura em Educação do Campo (gestão anterior), considerando diversas questões (sociais, culturais, administrativas, pedagógicas, econômicas, curriculares, filosóficas e outras), deram suporte ao entendimento etnográfico do objeto de pesquisa, conforme André (1995). A entrevista intensiva contribuiu para que entendêssemos a constituição do curso e as nuances inerentes ao processo político pedagógico.

Sendo um dos focos da investigação a relação entre teoria e prática na disciplina, além da análise do programa do curso, procedemos a um levantamento das atividades propostas pela disciplina; procuramos analisar como os estagiários as desenvolveram, tanto no Tempo-Escola como no Tempo-Comunidade. No Tempo-Comunidade os estagiários observaram o contexto escolar e descreveram a sua atuação no ambiente de estágio, dando início, assim, à formação de sua visão de pesquisador. (PIMENTA, 2012)

Os estudantes estagiários foram definidos a partir de critérios estabelecidos na aplicação do questionário e na *observação participante* em sala de aula no Tempo-Escola e nos círculos de discussão.

Para que possamos apreender o dinamismo próprio da vida escolar, na universidade ou não, é preciso estudá-la com base em pelo menos três dimensões: a *Institucional ou Organizacional*; a *Instrucional ou Pedagógica* e a *Sociopolítica/Cultural.*

A dimensão institucional ou organizacional diz respeito ao funcionamento da licenciatura no que se refere à estrutura para o desenvolvimento da prática escolar, regida pelos seguintes critérios: "Formas de organização do trabalho pedagógico; estruturas de poder e de decisão; níveis de participação dos seus agentes; disponibilidade de recursos humanos e materiais; toda a rede de relações que se forma e transforma no acontecer diário da vida escolar." (ANDRÉ, 1995, p. 36)

Já na dimensão instrucional ou pedagógica focalizamos o tripé professor-aluno-conhecimento. Segundo André (1995, p. 36), "Nessas situações estão envolvidos os objetivos e conteúdo do ensino, as atividades e o material didático, a linguagem e outros meios de comunicação entre professor e alunos e as formas de avaliar o ensino e a aprendizagem."

Enfim, na dimensão sociopolítica/cultural, que se refere a um contexto sociopolítico e cultural mais amplo, observamos as "determinantes macroestruturais da prática educativa", haja vista que "Esse âmbito de análise inclui uma reflexão sobre o momento histórico, sobre as forças políticas e sociais e sobre as concepções e os valores presentes na sociedade." (ANDRÉ, 1995, p. 37)

A análise dos dados coletados se deu à luz do conceito de Educação Popular, com base nos seguintes autores: Arroyo (2014), Brandão (2001, 2006), D'Ambrosio (1986, 1990, 1996, 1997), Freire (1987, 1994, 1996, 2011, 2013, 2013a, 2014a, 2014b, 2015, 2015a, 2016), Martins (2014, 2015), Freire (2003), Pistrak (2009, 2011), Ribeiro (2015), Shulgin (2013).

Ações e instrumentos de pesquisa utilizados na coleta de dados, com vistas a atingir os objetivos específicos:

Objetivos	Instrumento de Pesquisa	Indicadores	Participantes da Pesquisa
- Identificar o perfil dos alunos matriculados no curso de Educação do Campo.	Questionário	Questionário respondido pelos estudantes: idade, sexo, cidade onde mora, comunidade, cidade, formação, condição social e econômica/ trabalho e outros.	Licenciandos

- Analisar a estrutura e a concepção do curso de Licenciatura em Educação do Campo com habilitação em Ciências da Natureza e Matemática.	Análise Documental e Entrevista	Documentos oficiais: Análise das Atas do colegiado. Projeto Pedagógico do curso. Princípios Organizacionais, Pedagógico e o Sociopolítica/Cultural.	Estrutura do Curso Documentação Coordenação, Vice - coordenação do curso de Educação do Campo. Secretária da Casa Terra.
- Examinar as potencialidades dos licenciandos para elaborar narrativas de observações propostas a eles para realização do estágio.	Narrativas	Memorias dos licenciandos referentes à escola que frequentou e que efetivamente conhecem. Relação com a matemática no Ensino Fundamental e Médio. Escrita de narrativas, com intuito de colher dados pessoais a respeito do tempo de estudantes. Frustações/ Relação da própria escola/professor/ matemática.	Licenciandos que irão fazer o estágio.
- Discutir a importância do momento do Estágio Supervisionado para os licenciandos, por meio de narrativas e círculo de discussão.	Narrativas elaboradas durante o desenvolvimento do Estágio Supervisionado.	Escrita crítica a respeito do início do trabalho docente.	Licenciandos

- Verificar a importância do estágio pelos licenciandos dadas as observações feitas durante as aulas e o estágio.	Narrativas Observação da escola e seu entorno Participação em aula da disciplina de estágio.	Textos referentes à escola que frequentou.	Licenciandos
- Descrever e analisar as atividades propostas na disciplina de Estágio Supervisionado I e como os estudantes as realizam na escola da educação básica, seu campo de estágio.	Análise documental Portfólio. Narrativas	Atividades propostas na disciplina	Licenciandos

Quadro 1: Ações para desenvolvimento da pesquisa. Fonte: autor

3.4 A complexa tarefa de ser pesquisador-popular

Os dados da pesquisa foram obtidos no arquivo da Casa Terra – secretaria do curso de Licenciatura em Educação do Campo até o primeiro semestre de 2016 –, referentes aos anos de 2015, 2016 e 2017. Foram compartilhadas com o pesquisador-popular as Atas do Colegiado do Curso de Licenciatura em Educação do Campo e do Conselho de Ensino Superior. Também por meio da secretaria da Casa Terra coletamos o Projeto Pedagógico do Curso de 2015 (Recorte do PPC), o edital para apresentação do curso (2016), a publicação do Diário Oficial da União D. O. U., coletado em 2016.

A coleta das narrativas se deu por meio de escritas dos educandos (18/07/2016), no laboratório de física da universidade, local onde realizamos encontros durante a disciplina Estágio Supervisionado em Matemática I. Neste mesmo local elaboramos a escrita dos questionários e o termo de consentimento, lido e assinado pelos estudantes do curso de Licenciatura em Educação do Campo Habilitação em Matemática. Nesse mesmo dia discutimos os objetivos da pesquisa, as questões que norteariam este trabalho e outras questões pertinentes.

No dia 25 de julho de 2016 comentamos a respeito do processo de conhecimento das escolas denominadas do campo e entregamos o Plano de Trabalho de Observação no ambiente escolar, bem como as fichas para a realização do Estágio Supervisionado em Matemática I e as referências para estudo e pesquisa. No dia 27 de julho de 2016 firmamos um contrato didático – professor e estudantes –, segundo o qual os estagiários deveriam produzir três narrativas descrevendo a escola e as impressões de observação: uma no mês de agosto, uma em setembro e outra em outubro. Na semana do Tempo-Escola entregariam o Relatório Final do Estágio Supervisionado em Matemática I, válido como Avaliação Final, como descrito no Plano de Ensino; as narrativas a respeito da escola[10] e o relatório final dariam base para o prosseguimento no Estágio Supervisionado em Matemática II. No mês de outubro de 2016 ocorreria o Tempo-Escola, período em que os educandos também entregariam o Relatório Final de Estágio Supervisionado.

No dia 10 de agosto de 2016 foram realizadas entrevistas com os ex coordenadores do curso de Licenciatura em Educação do Campo, Beatriz e Inácio. As entrevistas, do tipo semiestruturadas, foram organizadas a partir de um roteiro de pontos a serem contemplados durante sua realização, podendo-se "de acordo com o desenvolvimento da entrevista, alterar a ordem dos mesmos e, inclusive, formular questões não previstas inicialmente." (FIORENTINI; LORENZATO, 2006, p. 121)

As entrevistas foram registradas por um gravador de som, instalado no computador do pesquisador-popular, de modo que o áudio foi posteriormente transcrito fielmente. Procuramos identificar nas

[10] Os estudantes deveriam elaborar textos uma vez por mês entre agosto e outubro de 2016 e enviar para o professor pesquisador-popular com vistas à compreensão do processo formativo ocorrido no ambiente escolar das escolas denominadas do campo.

entrevistas as seguintes situações: os recursos necessários para manutenção do curso, incluindo moradia, alimentação, transporte, saúde etc., como também o orçamento para o desenvolvimento das atividades propostas. Ainda nas entrevistas indagamos sobre o diferencial do curso, se algum movimento social contribuiu para a apresentação do projeto, se houve algum tipo de resistência por parte de pessoas do instituto onde o curso está inserido; coletamos dados sobre o edital da SECADI e, no final, os ex coordenadores do curso, Inácio e Beatriz, comentaram a respeito da Pedagogia da Alternância. As edições do diário de campo do pesquisador-popular foram elaboradas durante os anos de 2015, 2016 e 2017. As narrativas dos alunos estagiários e as entrevistas com os ex coordenadores foram coletadas no ano de 2016.

Ano/Mês	2014	2015	2016	2017
Janeiro/ Fevereiro/ Março/Abril/ Maio/Junho/ Julho/Agosto/ Setembro/ Outubro/ Novembro/ Dezembro (investigação)	A partir de julho Começamos a desenvolver o projeto de pesquisa e buscar referências	Referências Arquivos Pesquisa Colegiado Escritas Diário de campo	Referências Arquivos Pesquisa Colegiado Diário de Campo	Referências Pesquisa Escrita
Primeiro semestre e segundo semestre	--------	Documentos Oficiais do curso/Pesquisa	Questionário Narrativas Círculo de discussões Pesquisa	Referências Pesquisa Escrita
Primeiro e segundo semestre Agosto (gestores) Pesquisador-popular	--------	Coleta de Documentação: Projeto do curso D.O.U de aprovação	Entrevistas Narrativas de gestores Diário de Campo do pesquisador-popular	Referências Pesquisa Escrita

Setembro Educandos Gestores Pesquisador-popular	--------	Narrativas Discussões	Material do curso (comissão) Narrativas Regimento Geral universidade Círculo de discussão	Referências Pesquisa Escrita

Quadro 2: Resumo dos dados coletados na pesquisa. Fonte: autor

3.5 Entre o arquivo e o corredor

Para a análise dos dados coletados consideramos as definições de alguns materiais de análise, as quais emergiram das várias leituras realizadas, dos arquivos pesquisados, das narrativas elaboradas pelos estudantes e gestores, das transcrições das entrevistas feitas com os ex coordenadores do curso, do diário de campo do pesquisador-popular, e de outras situações inerentes ao trabalho de pesquisa. Cabe ressaltar que os materiais de análise foram descritos, no decorrer da discussão, sem seguir uma ordem ou sequência, ou seja, deixamos que as informações dialogassem entre si. Os desdobramentos desse processo foram referidos de acordo com as necessidades que foram surgindo durante a análise de todo o material produzido durante o processo.

No quadro a seguir apresentamos os materiais utilizados na análise e a descrição resumida dos acontecimentos, procedimentos que ajudaram a nortear a nossa pesquisa.

Descrição dos materiais utilizados na análise	
Constituição do curso de Licenciatura em Educação do Campo	Política de aprovação do curso no Diário Oficial; as Atas do colegiado do conselho de ensino; as Atas do colegiado do curso; o Projeto Pedagógico do Curso; Orçamentos e os recursos necessários para manter o curso de licenciatura; Formação de professores e habilitações; Documentos oficiais da universidade; do MEC; PRONERA e INCRA; parte Organizacional.

Narrativas desenvolvidas pelos estagiários, gestores/ professores e pesquisador-popular sobre o campo de estágio	O material produzido pelos estagiários; Plano de Ensino; Observação na escola do campo; o Estágio Supervisionado em Matemática I; A escola e o trabalho; O entorno da escola do campo; Resistências e debates; Dificuldades para fazer o estágio; Relação professor, estudante e conteúdo; Contrato didático; Processo formativo no estágio.
Retorno ao ato de narrar: questões relativas à dimensão social, política, filosófica e cultural	A Pedagogia da Alternância; O Estágio Supervisionado no Tempo-Comunidade; os Movimentos Sociais; O diferencial do curso com relação a outras licenciaturas; Questões sociais e culturais; Políticas públicas e filosofia da Licenciatura em Educação do Campo; As pessoas da pesquisa, o estágio: a arte de fazer narrativas.

Quadro 3: Indica a construção dos materiais utilizados. Fonte: autor

Constituição do Curso de Licenciatura em Educação do Campo: Nesta seção nossa análise se refere à própria constituição do curso, desde sua origem, apresentação do projeto pedagógico em colegiado, discussão da aprovação bem como os prós e os contras relativos à implantação do curso. Procuramos identificar também os órgãos que assistem o funcionamento da graduação. Nesse contexto, entendemos que a dimensão institucional ou organizacional diz respeito ao próprio funcionamento do curso, a estrutura que este mantém com vistas à viabilização da prática escolar e das questões burocráticas. Muitos entraves foram se sobrepondo ao longo do caminho, e muitos deles se originaram da parte de intelectuais e de sua política de centralização do órgão público.

Narrativas desenvolvidas pelos licenciandos, gestores/professores e pelo pesquisador-popular sobre o campo de estágio: Nesta seção apresentamos a construção dos fragmentos – trechos narrados pelos estudantes, que foram apontados na aplicação do questionário, no círculo de discussão e no próprio diário de campo do pesquisador-popular –, bem com as narrativas, elementos essenciais para o entendimento da futura profissão docente. Nessa etapa da pesquisa buscamos reunir todo o material produzido pelos estagiários, tanto durante o estágio de observação, na escola do campo e no seu entorno, durante o Estágio Supervisionado em Matemática I, como no âmbito da universidade.

As questões envolvendo o cotidiano da escola e a perspectiva do futuro posto de trabalho se constituíram dados importantes para esta análise. Os recursos necessários para a manutenção do curso, os problemas encontrados pela gestão, as resistências e debates também ajudaram a formar uma cadeia capaz de esclarecer como o estágio aparece na vida dos alunos estagiários. Outro caso essencial para a análise foram as próprias dificuldades enfrentadas pelo narrador (estudante) para contar sua história durante o processo da disciplina de estágio, além de outras situações que se impuseram durante a investigação. Levamos também em consideração as narrativas dos ex coordenadores da Licenciatura, no que diz respeito à própria formação de professores e os entraves que se impuseram contra a execução desse processo formativo na Licenciatura em Educação do Campo. Enfim, a formação de professores, os prazos, e a relação professor, estudante e conteúdo são elementos que ajudam a compor o objeto central desta seção.

Retorno ao ato de narrar: questões relativas à dimensão social, política, filosófica e cultural: Nesta seção procuramos examinar mais detidamente o processo que intervém nas questões sociais, culturais, políticas e filosóficas, tanto para os estudantes, para as escolas do campo, como também para a própria composição da identidade do curso.

A importância da Pedagogia da Alternância e a questão do campo são comentadas neste conjunto de dados. Os movimentos sociais com suas concepções e cultura do campo, o diferencial do curso com relação a outras licenciaturas, as políticas públicas para a Licenciatura em Educação do Campo, as pessoas da pesquisa, o ambiente escolar no qual as escolas estão inseridas, seus espaços educativos e dimensões, e principalmente as ações desenvolvidas nos coletivos das escolas do campo. Sobre o Tempo-Comunidade e o Estágio, suas aproximações e contextualizações foram também contempladas neste tópico.

3.6 Um cenário possível para investigação

Após a Legislação do Curso de Educação do Campo, promulgada por meio da "Resolução CNE/CEB n.º 1, de 3 de abril de 2002, que estabelece as Diretrizes Operacionais para a Educação Básica em escolas do campo" (UF, 2014, p. 30), e oito anos após a elaboração dessas Diretrizes, as pessoas que vivem no campo foram contempladas com o Decreto n.º 7.352, de 4 de novembro de 2010 que, segundo o PRONERA, veio "com força para fortalecer o Programa Nacional de Educação na Reforma Agrária." (UF, 2014, p. 30)

> Este Projeto Pedagógico do Curso de Licenciatura em Educação do Campo, da Universidade Federal [...], descreve os aspectos pedagógicos, políticos e sociais que justificam a sua oferta pelo Instituto de Ciências Exatas [...] da referida universidade. Estabelece as estratégias para a formação do profissional que se deseja, atendendo à chamada prescrita no Edital de Seleção n.º 02/2012, de 31 de agosto de 2012 – Sesu/Setec/Secadi/MEC, em consonância com o que preceitua a Constituição Federal de 1988, a Lei de Diretrizes e Bases da Educação Brasileira, a Lei n.º 9.394/96, a Resolução CNE/CEB n.º1, de 03 de abril de 2002, e demais legislações pertinentes vigentes. (UF, 2014, p. 31)

É com esta finalidade que o curso de Licenciatura em Educação do Campo se apresenta: propor o estímulo e a permanência do homem e da mulher do campo em seus contextos de trabalho, mesmo após concluir um curso superior. Os municípios que são contemplados pelo projeto do PRONERA permitem que, aqueles que desejam cursar uma graduação, possam obtê-la por meio da Licenciatura em Educação do Campo e da Pedagogia da Alternância. É importante destacar que o curso não recebe apenas estudantes da região mineira aqui estudada, mas também alunos do norte de Minas Gerais, de Rondônia e de outros estados brasileiros (UF, 2014, p. 31-32):

> O desenvolvimento da proposta de Licenciatura em Educação do Campo contou com a colaboração do Movimento Terra, Trabalho e Liberdade, de diversos professores das redes municipais e estaduais

> que exercem funções em escolas do campo, ou urbanas que têm alunos provenientes de assentamentos (como exemplo, destaca-se a Diretora da Escola Estadual [...]. Ademais, o projeto foi apresentado no XIX Encontro de Gestores (30 e 31 de outubro e 1 de novembro de 2012), da Superintendência Regional de Educação [...], reunindo 90 diretores das escolas estaduais da região [...] e foi muito bem acolhido por todos os seus participantes, muitos deles dirigentes de escolas rurais ou com alunos provenientes de comunidades rurais e do campo (assentamentos). Na ocasião ficou registrado o interesse no estabelecimento de futuras parcerias para a implementação e consolidação desta proposta.

Abaixo destacamos as figuras (8, 9 e 10) e um quadro (4) das regiões que são consideradas como cidades polo no projeto, segundo o Curso de Licenciatura em Educação do Campo da universidade analisada.

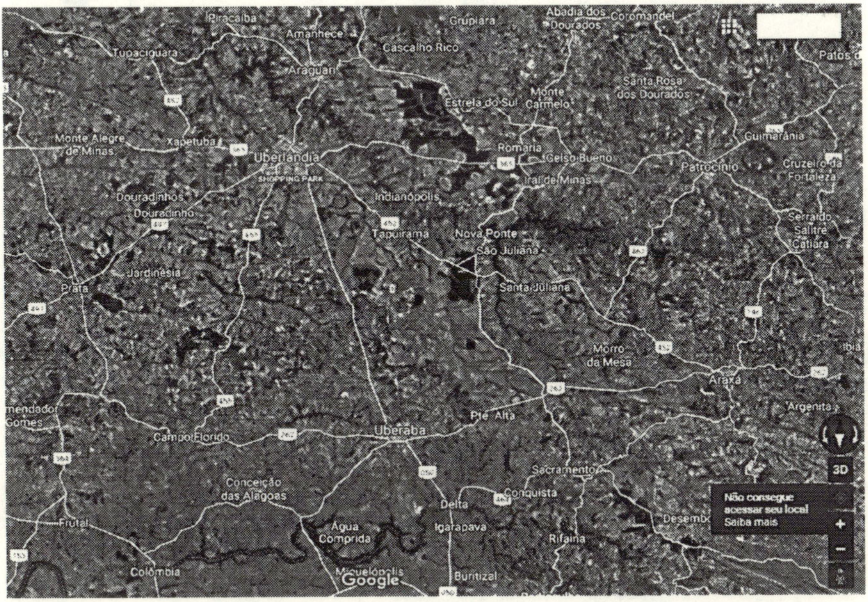

Figura 8: Municípios e Distritos integrantes da Superintendência Regional de Educação que são contemplados pelo Projeto Pedagógico do Curso de Licenciatura em Educação do Campo. Fonte: Google Maps.

De acordo com o Projeto Pedagógico do Curso de Licenciatura, temos na cidade investigada um total de 94 escolas de Ensino Fundamental, além de 37 escolas de Ensino Médio, reunindo, no total,

48.153 alunos matriculados, conforme dados do IBGE de 2012 constantes também do Projeto Pedagógico do Curso da Universidade estudada (UF, 2014, p. 34).

Nos outros municípios (quadro 4) que fazem parte da região estudada, temos uma base de quantos estudantes são oriundos da zona rural, e que muitas vezes precisam estudar em escolas que atendem alunos oriundos do campo, porém são escolas mais centrais, apesar de serem denominadas escolas do campo.

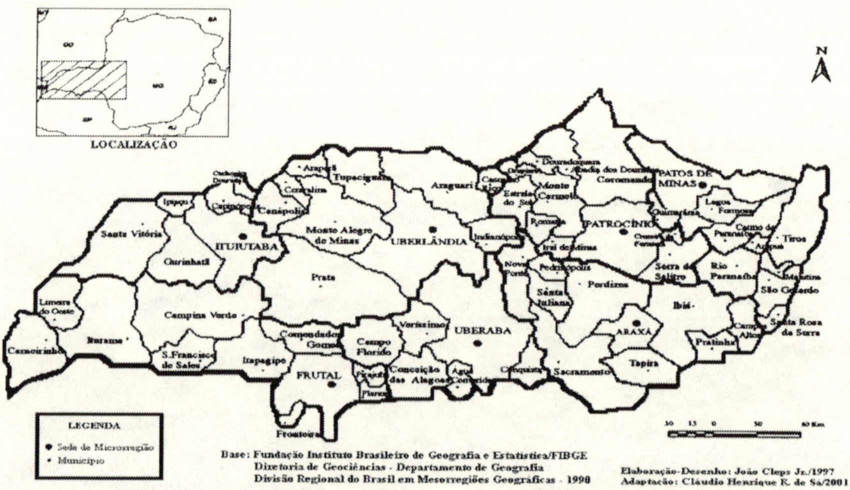

Figura 9: Da localização da região com seus respectivos polos. Fonte: Fatos do Triângulo (Jornal).

Figura 10: Mapa do Brasil com os estados de estudantes oriundos do curso de Licenciatura em Educação do Campo. Fonte: Google Maps.

Os círculos cinzas correspondem aos alunos matriculados no curso de Licenciatura em Educação do Campo no Brasil da universidade estudada em 2017.

Segundo o IBGE – Instituto Brasileiro de Geografia e Estatística, pode ser considerada Escola do Campo

> Aquela situada em área rural, conforme definida pela Fundação Instituto Brasileiro de Geografia e Estatística – IBGE ou aquela situada em área urbana, desde que atenda, predominantemente, às populações do campo, conforme inciso II, do artigo 2º da Resolução SEE Nº 2820, de 11 de dezembro de 2015, *ou seja, 50% mais 1 do total dos estudantes matriculados sejam provenientes da zona rural.* (UF, 2016, p. 4, grifo nosso)

Município	**Alunos em escolas rurais Ensino Fundamental – anos finais (6º ao 9º ano)**	**Alunos em escolas rurais Ensino Médio (1º ao 3º ano)**
Água Comprida	121	65
Araxá	278 (4.970)	(3.405)
Carneirinho	559	350
Conceição das Alagoas	1.563	882
Conquista	361	255
Delta	470	339
Fronteira	857	511
Frutal	385 (2.643)	87 (1.928)
Iturama	173 (1.870)	(1.570)
Planura	551	377
Sacramento	175 (1.349)	87 (863)
Uberaba	630 (15.384)	(9.387)

Veríssimo	195	185
Araguari	265	0
Campina Verde	899	635
Caxambu	1.179	744
Ibiá	1.258	813
Ituiutaba	111 (4.977)	21 (3.523)
Paracatu	741 (5.640)	0 (3.598)
Patrocínio	268 (5.031)	0 (3.144)
Perdizes	1.013	535
Pirajuba	265	181
Tapira	278	128
Tupaciguara	60 (1.393)	31 (787)
Uberlândia	1.428 (31.152)	0 (20.424)

Quadro 4: Relação de estudantes de escolas localizada no campo na educação básica por cidade[11]. Fonte: UF

3.7 Pistas para investigação e colheita no território

Os dados coletados com Beatriz e Inácio, ex coordenadores do curso de Licenciatura em Educação do Campo da universidade estudada, foram obtidos por meio de entrevistas semiestruturadas, conversas e narrativas. A seleção dos estudantes foi realizada com base em questionários, escritas em sala de aula e narrativas a respeito de suas vivências com a matemática; relacionamos também os professores que tiveram na escola básica e que elaboraram o Relatório de Observação do Estágio Supervisionado em Matemática

[11] Fonte: Quadro extraído do projeto do curso. O valor apresentado no quadro 4 entre parênteses refere-se ao total de alunos no município. Nos municípios sem dados entre parênteses, são contabilizados todos os alunos, dada a classificação do IBGE como região rural (dados MEC/INEP, 2012). (UF, 2014, p. 43-44)

I. O pesquisador-popular colheu seus dados por meio do Diário de Campo, círculos de discussões e anotações feitas durante todo o período de coleta de dados.

A entrevista com o vice coordenador, Inácio, teve o intuito de colher dados das áreas administrativa, organizacional, pedagógica, social e política do curso, o que inclui informações sobre moradia para os estudantes oriundos de outras cidades ou estados, alimentação, transporte e saúde. As questões orçamentárias e de investimento no curso estavam em pauta para discussão com o vice coordenador da Licenciatura em Educação do Campo.

Já as informações colhidas com a ex coordenadora da Licenciatura citada, Beatriz, se referem a dados relativos às ações educativas e ao diferencial do curso, às questões culturais, ao desenvolvimento do projeto e aos movimentos sociais que participaram da elaboração do curso em Educação do Campo da universidade pesquisada. Durante as entrevistas houve preocupação em saber se a instituição ofereceu resistência ou não à aprovação do curso. Os dados apresentados pelo pesquisador-popular foram coletados por meio de observações, círculo de discussão e intervenções na disciplina de estágio supervisionado e anotados no formato de "diário de campo".

Outra situação que levamos em conta foi a adoção do conceito de Pedagogia da Alternância para o desenvolvimento do curso, conforme as orientações gerais para a realização do Estágio Supervisionado da Universidade pesquisada (UF, 2016, p. 1): "O 5º período: mapear o estabelecimento de ensino no qual o estágio será preferencialmente realizado ao longo dos semestres seguintes, caracterizando-o sociodemograficamente e pedagogicamente."

As atividades a serem desenvolvidas no Estágio Supervisionado em Matemática I consistiam em organizar, juntamente com o professor orientador de estágio, um projeto de trabalho, com a finalidade de conhecer de forma abrangente diferentes contextos de ensino. (UF, 2015, p. 3) A carga horária da disciplina encontra-se no quadro a seguir. "Os Estágios Curriculares Supervisionados serão realizados em Instituições Educacionais do Sistema Municipal, Estadual e Particular de Ensino, ressaltando que, no V semestre, o estagiário irá conhecer também os espaços não formais de Educação." (UF, 2014, p. 109)

Componente Curricular	Horas-aula						Pré-requisito	TE	TC
	Teórica	Prática	AD	APC	Total	Créditos			
Estágio Curricular Supervisionado I	15	90	15	-	120	8	Máximo de duas disciplinas doa 1º, 2º, 3º e 4º semestres não concluídas	5	115

Quadro 5: Carga horária da disciplina de Estágio Supervisionado em Matemática I[12] Observação do Quadro 1: AD = Atividade Disciplinar; APC = Atividade Prática Curricular. Fonte: UF

Participaram da pesquisa 07 (sete) pessoas, entre eles 02 (dois) docentes, Inácio e Beatriz, ex coordenadores da Licenciatura em Educação do Campo, 04 (quatro) estudantes matriculados na disciplina de Estágio Supervisionado em Matemática I, e o próprio pesquisador-popular, cujos nomes foram substituídos por pseudônimos nesta pesquisa.

Dos participantes da pesquisa, 02 (dois) são professores que trabalharam intensamente no projeto do curso para validação junto à Reitoria e com os movimentos sociais que contribuíram para que o projeto tivesse êxito; os outros participantes são alunos oriundos do campo, comunidade, distritos, sítio e cidade média.

Participantes/Dados da Pesquisa		
Vice coordenador (Inácio) Coordenadora (Beatriz) (nomes fictícios) Pesquisador-popular	Estudantes do curso: Fabio Lauri Lucí Correia (nomes fictícios)	Documentos oficiais do Curso de Licenciatura em Educação do Campo: Atas do curso/Projeto Pedagógico do Curso/ Atas do Coens/Narrativas e Entrevistas/ Diário de Campo/Questionário/ Regimento Geral/Edital da SECADI.
3	4	8

Quadro 6: Total da coleta de dados e participantes da pesquisa. Fonte: autor

[12] Recorte do quadro de disciplinas do 5º semestre do curso de Licenciatura em Educação do Campo habilitação em Matemática. (UF, 2014, p. 101)

No próximo quadro, de n. 7, constam os perfis dos dois responsáveis pela Licenciatura à época (coordenadora/vice coordenador), e do pesquisador-popular: indicamos a formação acadêmica – graduação, mestrado, doutorado e pós-graduação –, e tempo de experiência de magistério no ensino superior.

Curso/ coordenadora/ vice-coordenador/ Pesquisador-popular	**Graduação**	**Mestrado**	**Doutorado**	**Pós-Graduação Doutorado**	**Experiência de magistério no ensino superior**
Coordenadora	Graduação	Mestrado	Doutorado	Pós-Doutorado	Experiência de dez anos no magistério superior.
Vice coordenador	Graduação	Mestrado	Doutorado		Experiência de vinte dois anos no magistério superior.
Pesquisador-popular	Graduação	Mestrado	Doutorado		Experiência de oito anos no magistério superior.

Quadro 7: Dados dos participantes da pesquisa: pesquisador-popular e ex gestores.
Fonte: autor

As pessoas mencionadas no Quadro 7 são docentes do Curso de Licenciatura em Educação do Campo.

4

A concepção para pista descolonial

Então, talvez o que a gente tenha de fazer é descobrir um paraquedas. Não eliminar a queda, mas inventar e fabricar milhares de paraquedas coloridos, divertidos, inclusive prazerosos.
Ailton Krenak, 2019

Nesta seção analisamos e discutimos os dados constantes dos documentos oficiais do curso de Licenciatura em Educação do Campo; levamos em consideração ainda o local em que o curso se encontra instalado, questionário, entrevistas, narrativas e a produção dos estagiários registrada no relatório de Estágio Supervisionado em Matemática I e no diário de campo do pesquisador-popular. A análise dos dados foi realizada com apoio da literatura que trata da educação popular, baseada no tripé das três dimensões que consideramos fundamentais para a análise e investigação do nosso objeto de pesquisa: a dimensão organizacional e estrutural, a dimensão pedagógica e a dimensão sociopolítica/cultural.

Nossa pesquisa se baseou nos seguintes norteadores: constituição do curso, apresentação do cenário de pesquisa, seleção das pessoas e dos dados coletados, perfil dos participantes da pesquisa, entrevistas, questionário, recorte do Projeto Pedagógico do Curso, diário de campo do pesquisador-popular, narrativas, aprovação do curso e divulgação no Diário Oficial da União (D.O.U), edital da SECADI, dados das reuniões do colegiado impressos nas Atas do curso e Atas do Conselho de Ensino (Coens), bem como a discussão dos dados coletados[13].

4.1 Pistas: afetado pelos resultados

Inicialmente, convém destacar que, durante a discussão dos dados, além da apreciação dos documentos oficiais da Licenciatura em Educação do Campo, analisados à luz da educação popular, também nos reportamos à prática da narrativa, na acepção benjaminiana do termo. (BENJAMIN, 1975) Ao contar uma história, ou a sua história, o narrador faz um papel de artesão, moldando suas experiências adquiridas em ambientes os mais distintos possíveis, conforme Benjamin (1975, p. 69, grifo nosso);

> A narrativa, tal como se desenvolve durante muito tempo no círculo dos ofícios mais diversos – do agrícola, do marítimo e, depois, do urbano -, é, por assim dizer, uma forma artesanal da comunicação. Sua intenção primeira não é transmitir a substância pura do conteúdo, como o faz uma informação ou uma notícia. Pelo contrário, imerge essa substância na vida do narrador para, em seguida, retirá-la dele próprio. *Assim a narrativa revelará sempre a marca do narrador, assim como a mão do artista é percebida, por exemplo, na obra de cerâmica.*

A acepção benjaminiana do termo narrar cabe no nosso recorte no sentido de que os alunos estagiários, ao contarem suas histórias de vida, suas experiências anteriores e aquelas vivenciadas no âmbito da escola, passam a integrar um ciclo de trocas de experiências e aquisição de conhecimentos fundamentais para a sua formação como pessoas conscientes, críticas e reflexivas.

Após a seleção dos materiais para análise, enveredamos no exame dos dados colhidos durante o processo de investigação. Os debates que ocorreram acerca da implantação do curso, bem como as informações

[13] Todos os anexos presentes no texto original, como relatos dos alunos estagiários, diário de campo do pesquisador-popular, entrevistas ex coordenadores da Licenciatura da Universidade Federal estudada, os editais e outras publicações que serviram de base para com os desta pesquisa, foram excluídos desta versão porque foram amplamente citados e discutidos no corpo do texto.

sobre sua constituição e organização, lançaram luz sobre alguns detalhes importantes relativos ao surgimento da licenciatura em tela. Na sequência, selecionamos trechos de entrevistas, narrativas de gestores e estudantes, e do próprio pesquisador-popular (diário de campo), narrativas estas que versam sobre a constituição do curso, questões de políticas públicas, gestão, cultura etc. Os estudantes elaboraram narrativas com o intuito de apresentar a essência do estágio supervisionado, a importância de ser professor nas escolas do campo, bem como sobre outras experiências. O pesquisador-popular, por sua vez, menciona, em seu diário de campo, diversos fatos que ocorreram durante as aulas de Estágio Supervisionado em Matemática I, assim como o teor dos debates que ocorreram durante a elaboração de atividades nos círculos de discussão.

Neste trabalho as narrativas foram divididas de acordo com os momentos de vivência dos gestores na administração do curso e dos estagiários na escola do campo (Tempo-Comunidade), e nelas é possível identificar pormenores relativos ao Estágio Supervisionado em Matemática I, como tempos de estudante e períodos do Tempo-Escola na universidade. Vale destacar que, nas entrevistas descritas, precisamos obter informações sobre a área administrativa do curso, com a finalidade de elencarmos os recursos necessários para o funcionamento de um curso que tem a Pedagogia da Alternância como método de trabalho e de formação de professores. Outras evidências que serviram de base para a análise foram as questões culturais e sociais, mencionadas pelos narradores, fundamentais para esta pesquisa, uma vez que, segundo Benjamin (1975, p. 63), "cada vez mais rara vai-se tornando a possibilidade de encontrarmos alguém verdadeiramente capaz de historiar algum evento."

O ato de narrar vivências, oralmente ou por escrito, seja pelos estagiários ou pelos idealizadores do projeto de Licenciatura em Educação do Campo, apresentou-se como um importante suporte para entendermos o funcionamento do curso. O que mais ajudou a enriquecer nossa pesquisa foi a oportunidade de examinarmos, durante o estágio de formação de professores, as experiências decorrentes da convivência em escolas do campo, com pessoas de famílias cujas técnicas de trabalho estão diretamente ligadas à agricultura e à pecuária; condições de existência estas que foram se transformando com a urbanização, a industrialização, e com a promessa de uma vida digna por meio das leis trabalhistas, a CLT (Consolidação das Leis do Trabalho).

Os processos de urbanização e industrialização promoveram o deslocamento de muitas daquelas pessoas para os grandes centros, conforme dados apresentados pelo IBGE, colhidos entre os anos de 1995 e 2000, que revelam estatísticas em torno da saída de famílias do Nordeste para tentar uma vida melhor em outras cidades, principalmente no Sudeste do país. Vale lembrar que esse tipo de migração, muitas vezes, conduz as famílias a moradias precárias, sem saneamento básico, sem condições dignas, pois tais famílias geralmente permanecem à margem da sociedade, submetidas a cargas horárias de trabalho extenuantes, numa espécie de retorno à casa-grande e à senzala.

Eis os referidos dados do IBGE (2002, p. 1): "Constatou-se então que, entre 1995 e 2000, 1.457.360 pessoas saíram do Nordeste, sendo que 70,9% delas migraram para a Região Sudeste." Em decorrência desses deslocamentos, segundo o IBGE, o êxodo rural foi tomando outras dimensões, fazendo com que diversas escolas na zona rural fossem fechadas, um total de 4.084 entre 2013 e 2014, em várias regiões do país. Sobre os deslocamentos populacionais e a irregularidade na distribuição da população em algumas regiões brasileiras, destaca o IBGE (2000):

> Observando bem essa distribuição irregular, percebemos que há algumas áreas de alta concentração populacional, enquanto outras são bem pouco povoadas. Esta desigual distribuição populacional é consequência, sobretudo da história da colonização do Brasil. Além disso, fatores geográficos e econômicos, como a presença de riquezas naturais, maior ou menor facilidade na obtenção de água, alimento e trabalho, climas e solos mais favoráveis, florestas fechadas etc., podem atrair ou dificultar a permanência humana em determinada área.

Sobre a redução e fechamento de escolas nas zonas rurais brasileiras nas últimas décadas, o site da Fundação Telefônica Vivo (2015) apresenta os seguintes números:

> O número de escolas rurais diminuiu drasticamente nos últimos 11 anos. Segundo dados do Censo Escolar, existiam 103.328 escolas

> rurais no Brasil em 2003, esse número caiu para 66.732 no ano passado, o que equivale ao fechamento de cerca de 277 instituições rurais por mês, ou 9 por dia. O cenário piorou nos últimos anos: entre 2013 e 2014, foram fechadas 4.084 escolas rurais, o equivalente a um corte de aproximadamente 340 instituições por mês, ou pouco mais de 11 por dia. [...] Dessa forma, em 2010, existia um contingente de 2,7 milhões de crianças e jovens que se deslocavam todos os dias do campo até alguma cidade próxima para conseguir estudar.

As estatísticas apresentadas não são nada motivadoras e com certeza são responsáveis, ao lado de outros fatores de ordem política e econômica, pelo esvaziamento das licenciaturas nas universidades públicas brasileiras.

4.2 Constituição e organização institucional do curso de licenciatura em educação do campo: nós ocupamos essa sala

O discurso da impossibilidade de mudar o mundo é o discurso de quem, por diferentes razões, aceitou a acomodação, inclusive por lucrar com ela.
Paulo Freire

No âmbito da Secretaria de Educação Continuada, Alfabetização, Diversidade e Inclusão, foi aprovada a Portaria nº. 72, de 21 de dezembro de 2012, para dar início ao curso de Licenciatura em Educação do Campo nas instituições federais de ensino superior:

> A Secretaria de Educação Superior - SESU, Secretaria de Educação Profissional e Tecnológica - SETEC e da Secretaria de Educação Continuada, Alfabetização, Diversidade e Inclusão - SECADI, torna público o Resultado Final do processo de seleção de propostas de Instituições Federais de Educação Superior - IFES e de Institutos Federais de Educação, Ciência e Tecnologia - IFET, para criação de cursos de Licenciatura em Educação do Campo, na modalidade presencial, do Programa

> de Apoio a Formação Superior em Licenciatura em Educação do Campo - PROCAMPO, Edital SESU/SETEC/SECADI nº 2, de 31 de agosto de 2012, em conformidade com os termos explicitados no item 1.1. 1- Propostas aprovadas por ordem de classificação. (D.O.U, 2012, p. 13)

Segundo o vice coordenador da Licenciatura em Educação do Campo, da universidade federal aqui estudada, depois da aprovação do projeto do curso pelo MEC, os esforços se tornaram cada vez mais intensos para a liberação das verbas: "durante todo o ano de 2013 e no início de 2014 a Profa. Dra. Beatriz entrou por diversas ocasiões em contato com o MEC para saber quando poderia contar com as verbas para a abertura do Curso." (Inácio, 2016)

Entendemos que o trabalho empregado na implantação de um novo curso na universidade, na modalidade em Educação do Campo, é um processo longo e exaustivo, e no nosso caso, vários foram os prós e os contras até que o curso finalmente vigorasse. A referida graduação consiste em uma licenciatura voltada para a formação de professores, na linha da Educação do Campo, a qual dirige um olhar diferenciado para os filhos e filhas de camponeses.

Segundo Freire (1996, p. 35), "É próprio do pensar certo a disponibilidade ao risco, aceitação do novo que não pode ser negado ou acolhido só porque é novo, assim como o critério de recusa ao velho não é apenas o cronológico." Assim, correndo todos os riscos, no início de maio de 2014, o MEC informa à coordenação do curso da necessidade de as atividades da Licenciatura em Educação do Campo começarem em julho de 2014, conforme relatado por Inácio (2016)

Nesse período, mesmo o MEC tendo aprovado o início do curso de formação de professores, apareceram alguns entraves que contribuíram para travar o avanço da nova graduação que estava sendo implantada. Diante dessa realidade, nada poética, não podemos deixar de mencionar os versos do poeta Carlos Drummond de Andrade (2001, p. 34): "No meio do caminho tinha uma pedra. [...] Nunca me esquecerei desse acontecimento. No meio do caminho tinha uma pedra." Inácio (2016) também encontrou uma "pedra" no meio do caminho quando da tentativa de aprovar o Projeto Pegadógico do curso:

> Desde o início do mês de maio todas as estruturas relacionadas com os processos seletivos discentes e o apoio ao ensino foram envolvidas, **tendo a coordenação tido a preocupação de fazer aprovar o Projeto Pedagógico do Curso antes do seu início, mas não conseguiu** (o que será descrito mais adiante).

Para que o curso funcionasse, seria necessário que seu projeto pedagógico fosse aprovado pelo colegiado do Departamento e do Instituto, ou seja, que não existisse uma "pedra no meio do caminho", porém, em virtude da oposição de alguns docentes do Instituto, isso não ocorreu como esperado. Cabe aqui este pensamento de Freire sobre os opostos tolerância/intolerância: "É neste sentido que a tolerância é virtude a ser criada e cultivada por nós enquanto a intolerância é distorção viciosa." (FREIRE, 2014b, p. 27)

Alguns entraves se impuseram, mesmo a Reitoria, a SECADI e o próprio MEC dando o suporte necessário para os organizadores do projeto da Licenciatura em Educação do Campo por meio da aprovação do projeto e amparando as reais necessidades iniciais do curso. Ainda assim, surgiram imprevistos que surpreenderam os ex coordenadores do curso, Inácio e Beatriz, pois ambos não esperavam enfrentar problemas de ordem política para aprovação do projeto do curso por parte do Departamento e do Instituto:

> Infelizmente, em simultâneo com a preparação do lançamento do Curso, decorreram as eleições para a Reitoria da universidade, tendo a coordenadora e o coordenador substituto apoiado uma das chapas e a coordenadora do Departamento onde estão lotados os docentes da LIEDUCA e o diretor do respectivo Instituto apoiado a outra chapa, o que trouxe algumas consequências para uma implementação sossegada do Curso. Logo em maio, o coordenador substituto quando iniciou as suas atividades percebeu que: o sistema de comunicação para a Universidade e a secretaria do Instituto (onde estava a exercer funções a servidora técnico-administrativa da LIEDUCA) era extremamente deficiente (para finalizar uma conversa telefônica em geral tinha-se de ligar mais de 3 ou 4 vezes, por exemplo) e todas as pessoas com quem a coordenação tinha de conversar presencialmente estavam na cidade (Reitoria ou edifício do Sindicato Rural) decidiu, com o apoio do Senhor Reitor, transferir

> a secretaria do LIEDUCA para a cidade, junto ao Núcleo de Apoio ao Servidor. (Inácio, sobre o processo de constituição do curso e os obstáculos que se impuseram, 2016, p. 3)

A narrativa acima ilustra o que acontecia durante as reuniões de colegiado: Inácio aponta que os responsáveis pelo Instituto chegaram a faltar estrategicamente às reuniões ou a sair antes do término das discussões em torno da aprovação do curso. Tal fato demonstra o quanto estamos longe de vivenciarmos situações democráticas, eis um exemplo de "mentalidade doméstica" que encontramos em algumas universidades brasileiras, tal como aponta Darcy Ribeiro quando salienta que esta "é a façanha educacional da nossa classe dominante" (2015, p. 24). A título de ilustração, citamos o trecho seguinte, parte da narrativa de Beatriz: "Eu acho insano alguém declarar publicamente que não aceita o curso que forma professores para trabalhar no campo, alguém que declara uma rejeição dessa, é um absurdo." (Beatriz, na Casa Terra, 10 de agosto de 2016)

Ainda com relação à constituição do curso, colocamos também em foco, durante a pesquisa, a dimensão organizacional. A esse respeito, quando Beatriz foi questionada sobre se houve resistência para a aprovação do curso, no colegiado do Instituto, e quais foram os motivos que levaram as pessoas a resistirem à implantação do curso de Licenciatura em Educação do Campo na Universidade, a gestora respondeu:

> Primeiro quero sugerir que você recupere as Atas dos colegiados do COENS e do Instituto, lá você vai ter as evidências, você vai encontrar as Atas, o número de vezes que a proposta foi entrada para ser aprovada. Ver as convocatórias, quando a LIEDUCA entrava na pauta, sugestão no COENS, pode acompanhar os cursos, que entraram sem o PPC, muito cursos começam sem PPC, você vai ver nas Atas, a história está aí, isso é uma falácia, outros cursos entraram sem ter o PPC, e por que a LIEDUCA precisava ter. Um dos entraves era que nosso curso não tinha projeto, exigiam da gente coisas que não exige dos outros cursos, a má vontade, o excesso de obstáculos colocados pelo diretor do instituto e a coordenadora do departamento, vão ficar muito claro nas Atas e nas assinaturas. Eles ignoravam que nosso curso era uma resposta ao edital do

> MEC. O próprio MEC considerava que o projeto que foi enviado para aprovação era o projeto do curso. (Beatriz, na Casa Terra, 10 de agosto de 2016)

Como compôs Drummond (2001), "E agora José? E agora você?" Vamos por partes. Em uma de suas narrativas, Inácio trata da gestão do orçamento que o curso obteve através do MEC/SECADI, para funcionamento. Além da parceria com a Fundação da Universidade, ele aponta o motivo de "estabelecer Convênio com a Fundação para a gestão das verbas da Licenciatura em Educação do Campo (que inicialmente seriam R$ 960.000,00, mas com a instalação da crise se conseguiu que a universidade transferisse R$ 400.000,00 – única verba transferida para a conta do Convênio)". Com base nesse depoimento de Inácio, é possível concluir que talvez a questão orçamental do curso tenha entrado em cena, fazendo com que algumas pessoas do Departamento e do Instituto tomassem um partido, mas não do lado dos coordenadores do curso, pois, ao que tudo indica, o que estava em jogo era o direcionamento dos recursos para outros cursos. Exemplo disso foi o esforço de Inácio para conseguir garantir que uma servidora-técnica administrativa atendesse apenas e só à Licenciatura em Educação do Campo. Todos os recursos foram enviados pela Secretaria de Educação Continuada, Alfabetização, Diversidade e Inclusão (SECADI), com o objetivo de suprir as necessidades do curso, portanto não tinha justificativa a realocação dos valores para outros setores.

No entanto, a SECADI deixou bem claro que o curso teria uma secretaria própria, pois diversos eram os trabalhos que esta deveria executar, além do próprio curso ser de formação de professores com habilitação em Ciências da Natureza e Matemática, frequentado por estudantes de outras cidades e estados; sua verba seria destinada apenas para subsidiar alimentação, moradia, transporte, saúde etc., aos estudantes no Tempo-Escola.

A secretaria e os coordenadores, juntamente com a gestão da Fundação Universitária, se incumbiriam de organizar as notas e os valores a serem gastos com passagens, alimentação, moradia e outras modalidades de auxílios de que os estudantes possivelmente necessitariam, de modo que esta gestão teria um trabalho razoável para com o curso. Enfim, como a Licenciatura deveria servir ao Departamento e ao Instituto, diversos caminhos burocráticos seriam trilhados para que o curso ocorresse normalmente. Quanto às questões organizacionais, vejamos algumas das expectativas, narradas por Inácio, em relação à instalação e funcionamento do curso:

> Dotar a Licenciatura em Educação do Campo de estrutura física mínima para prosseguir com as suas atividades; realizar vestibular de entrada no Curso; garantir que os alunos seriam adequadamente acolhidos [...] (nomeadamente no dia da sua inscrição e matrícula – encontrando-se uma forma diferente de realizar esses procedimentos sem que eles passassem necessariamente por acesso remotos via internet); garantir o alojamento e a alimentação dos alunos durante a sua permanência no primeiro Tempo-Escola... (Inácio, na Casa Terra, sobre o processo de constituição do curso e seus possíveis entraves, 2016, p. 3)

Tais medidas, acima citadas, fizeram com que um determinado grupo de pessoas se sentisse incomodado com a Licenciatura em Educação do Campo: alguns diziam que o curso iria financiar grupos de pessoas que ocupavam terras alheias. Isso veio à tona porque alguns estudantes eram/são membros integrantes de movimentos sociais, como por exemplo o Movimento dos Trabalhadores Sem Terra (MST), dentre outros. Ainda segundo o ex vice coordenador do curso,

> A coordenação da Licenciatura em Educação do Campo contou com oposição forte da coordenação do Departamento e da direção do Instituto, que teve como resultado final a não aprovação do PPC do Curso antes do início das suas atividades. Inclusivamente a coordenadora do Departamento e o diretor do Instituto, em reunião do Conselho de Ensino no dia 1º de julho de 2014 faziam parte de um grupo de conselheiros que queriam que as atividades do Curso não se iniciassem no dia 7 de julho, pois o seu PPC ainda não tinha sido discutido e aprovado nesse Conselho (mais tarde a coordenação do Curso apercebeu-se que, quer antes de 2014, quer depois de 2014, muitos foram os Cursos na universidade que iniciaram as suas atividades sem que os seus PPC fossem analisados, discutidos e aprovados no Conselho de Ensino). (Inácio, na Casa Terra)

Muitos desses professores talvez nem tenham percebido a importância da Licenciatura do Campo para a população da região e de outros estados brasileiros, apesar de estarem implantando um curso de formação de professores em Ciências Naturais e Matemática para que filhos de trabalhadores rurais atuassem em escolas denominadas do campo. A questão da demografia é essencial para a discussão da graduação em tela, pois muitos futuros professores iriam trabalhar em sua própria região, sem precisar se deslocar quilômetros para chegarem às suas unidades escolares.

Inácio destaca a oposição que enfrentaram para que o curso fosse implantado:

> A coordenação seríamos nós (Beatriz e Eu) com a aprovação do curso, tivemos apoio da gestão (Reitoria), mas o Instituto não aceitava. Eu lembro que tivemos, duas manhãs em reuniões com o senhor reitor, em duas semanas a fio, para abrir o curso, isso por que, em simultâneo com a Copa do Mundo no Brasil, **com as confusões, todas que aconteceram em 2014, neste país, mesmo assim conseguimos abrir o curso, se eu não me engano no dia 07/07/2014, conseguimos fazer atividades muito bonitas.** Eram só três professores, bem interessantes, que fizeram um excelente trabalho. Depois o primeiro semestre ficou para o início de (janeiro 2015) e algumas disciplinas só terminaram em maio de 2015. (Inácio, na Casa Terra, 10 de agosto de 2016)

Em meio a tantas discordâncias, lutas e resistências por parte de alguns órgãos, e consentimento por parte de outros, Inácio destaca, ao ser entrevistado na Casa Terra, a força e a persistência para que o curso fosse implantado em um ambiente que realmente facilitasse o andamento das atividades previstas: "Nós ocupamos esta sala, porque é a sala de um projeto coordenado pela professora Beatriz. Existia uma contradição com nossa coordenação" (Inácio, na Casa Terra, 10 de agosto de 2016). No dia 07 de julho de 2014, é dado início ao curso de Licenciatura em Educação do Campo, com objetivo de "estruturar a primeira semana de aulas tendo atenção que seriam lecionadas partes de quatro (4) disciplinas: Campos Numéricos, Produção e Escrita de Textos, Introdução às Tecnologias Digitais e Seminário Integrador I" (Inácio, descrevendo os primeiros momentos de funcionamento do curso, no dia 02 de setembro de 2016).

Para concluirmos a discussão sobre as políticas que rondavam o curso, cabe ressaltar mais uma vez que a referida graduação não conseguiu fixar sua secretaria no Instituto:

> O Instituto queria que o curso ocorresse no campus afastado da cidade, por que nosso curso era do instituto, e tinha que ser lá o curso, e não aceitavam que tivesse o início do curso sem o secretariado por lá. Era impossível, fazer o início do curso, por que a internet lá funcionava mal, e precisava sistematicamente usar, e ter reuniões com o RH (Recursos Humanos), com o senhor reitor no hospital, e no conselho de ensino, no sindicato rural, eu estava constantemente em reuniões. Fazia alguns sentidos o curso ser em um local afastado? Quando estávamos instalados, nós tínhamos tudo aqui na Casa Terra, tínhamos impressões que os professores deixavam com a secretária e depois retirava, tínhamos tudo aqui, para que ir para lá. (Inácio, na Casa Terra, 10 de agosto de 2016)

O episódio narrado por Inácio nos fez lembrar os seguintes versos de Drummond em "Sentimento do Mundo": "Os camaradas não disseram que havia uma guerra, e era necessário trazer fogo e alimento. Sinto-me disperso, anterior a fronteiras, humildemente vos peço que me perdoeis." (2001, p. 133)

4.3 Situação social, cultural, política e econômica dos participantes da pesquisa

> *Ninguém caminha sem aprender a caminhar, sem aprender a fazer o caminho caminhando, refazendo e retocando o sonho pelo qual se pôs a caminhar.*
>
> Paulo Freire

Nesta seção apresentaremos algumas narrativas que evidenciam as questões culturais, sociais e políticas que foram essenciais para a elaboração do projeto do curso, bem como pormenores sobre as reuniões e as reivindicações dos representantes que participaram do processo, principalmente para que a cultura dos coletivos fosse explorada no curso de Licenciatura em Educação do Campo.

Neste tópico apresentaremos também os alunos estagiários, priorizando informações como: estado e localidade de origem; fontes da renda familiar; pessoas com as quais moram; participação na vida econômica da família; economia da região onde moram; nível e relação das escolas em que estudaram; localização das escolas em que estudaram no Ensino Fundamental e Médio; se trabalharam quando estudavam no Ensino Fundamental I e II e no Ensino Médio; se dispunham de tempo para o desenvolvimento das atividades propostas na Licenciatura de Educação do Campo e qual o trabalho profissional desenvolvido por eles.

Os licenciandos que participaram desta pesquisa estavam matriculados no curso de Licenciatura em Educação do Campo habilitação em Matemática eram, na sua grande maioria, oriundos da zona rural e de pequenas cidades do Sudeste brasileiro. Também temos relatos dos ex coordenadores do curso, mencionando questões culturais, sociais, econômicas e políticas relativas ao público-alvo e à implantação do curso.

Com relação às questões culturais do curso, foi apontado por Inácio o seguinte: "existem muitas coisas interessantes com relação à história desse curso" (Inácio, na Casa Terra, 2016). Trata-se, portanto, de questões culturais, políticas e sociais que exigem uma reflexão tanto sobre o surgimento do curso como também sobre as condições necessárias à sua manutenção na universidade. Nessa dinâmica não ficaram de fora os debates constantes entre os representantes das classes sociais envolvidas no processo, conforme relata a ex coordenadora do curso:

> Na universidade o curso está ligado ao MST, e está associado à velha dicotomia, que é tomar a terra, e ocupar a terra, não sei se você sabe, mas aqui no triângulo, é uma região das mais sangrentas do Brasil em termo de briga na terra, a coisa é muito violenta. Havia muita apreensão, literalmente quando as pessoas da universidade olhavam para a Licenciatura em Educação do Campo, viam as pessoas que tomaram as terras do avô delas. (Beatriz, na CasaTerra,10 de agosto de 2016)

Beatriz relata uma situação que há tempos está em evidência quanto ao surgimento ou não de cursos que priorizem as pessoas que moram na zona rural, e comenta também sobre a brutalidade que marca as relações de poder entre latifundiários e trabalhadores sem-terra: "E por outro lado a sociedade também compreendeu que, diante da ineficácia das leis, da intolerância do governo, da truculência dos latifundiários, os sem-terra não têm outro caminho a não ser pressionar com suas próprias forças [...]." (STEDILE; FERNANDES, 2012, p. 120) Ainda a respeito das reuniões do colegiado do curso de Licenciatura em Educação do Campo, foram mencionados episódios que retratam momentos bastante contraditórios:

> Temos dificuldades com acertos das secretárias para a Licenciatura em Educação do Campo, por que quando elas saiam da reunião do colegiado, com um nó na garganta, elas saiam chorando, por que estavam vendo um ódio, hostilidade militantes no comportamento dos professores, que remetia à família delas, e as terras que os movimentos dizem que ocuparam e elas dizem que foram tomados por eles. (Beatriz, na Casa Terra, 10 de agosto de 2016)

Para Stédile e Fernandes (2012), as lutas pela terra ocorrem desde muito tempo; os autores comentam que às vezes com mais famílias e outras com menos famílias. No entanto, para Beatriz ainda existe uma esperança quanto à minimização das diferenças: "Este é um momento bonito, para colocar as palavras frente a frente, e esses grupos se conhecerem. O mal-estar é real, tem gente que não quer trabalhar na Licenciatura em Educação do Campo, porque é assim a visão." (Beatriz, na Casa Terra, 10 de agosto de 2016) Beatriz traça um esboço das lutas por espaço no Instituto e causas que a levaram ao problema de saúde atual, em virtude da luta diária em prol do curso:

> As brigas vêm se construindo há muitos anos. Opusemo-nos à imposição deles, mas o meu poder é o poder que eles queriam. O nosso poder era um poder péssimo, estávamos seguindo as orientações do MEC. Já no instituto, era uma briga por espaço. Eu ganhei uma obstrução de 80% de uma artéria do coração, foi isso que ganhei por ficar com raiva e ódio da situação. (Beatriz, na Casa Terra, 10 de agosto de 2016)

O adoecimento docente também aparece como uma preocupação latente na fala da ex gestora. Referindo-se às disciplinas e às turmas de

2017, Beatriz menciona a resistência para manter o curso, algo que fez com que ela enfrentasse momentos difíceis na carreira. Ela destaca que, com os estudantes existe um problema maior, e que a relação com a turma estava completamente deteriorada naquela época. A docente segue dizendo que terá que frequentar reuniões do colegiado para se defender de decisões do grupo, e que é necessário pensar na saúde do curso no presente e no futuro.

Com relação aos questionários aplicados aos estudantes, iniciamos nossa análise com uma questão relativa à renda familiar proveniente do trabalho no campo, até porque acreditamos, com Weber, que, "De todas as comunidades, a constituição social dos distritos rurais são as mais individuais e as que relação mais íntima mantêm com determinados fatos históricos." (WEBER, 1967 *apud* VELHO, 2009, p. 89) Nesse sentido, não podemos desvincular o campo da cidade, pois a produção do campo, especialmente a agricultura familiar, se apresenta como uma alternativa essencial para o abastecimento de mercados, feiras, cidades e das comunidades locais e adjacentes. Porém, o agronegócio[14] tem tomado grande parte do território no qual os estudantes estão inseridos, como podemos deduzir com base no questionário aplicado. Eis uma advertência de José de Souza Martins e que cabe nesse contexto de lutas pela terra e pela vida no campo: "Pobres povoados dos camponeses da frente de expansão permaneçam ao lado de fazendas de grandes grupos econômicos, equipadas com o que de mais moderno existe em termos de tecnologia." (2014, p. 149)

Para Arroyo (2014, p. 121), ainda "persistem as formas negativas de pensar e segregar os diferentes". Pensar questões relativas à etnia em nossas universidades ainda é um caso sério, pois muitas universidades não adotam as políticas de afirmação para o ingresso de novos alunos, mesmo sendo esta uma reivindicação atendida, em parte, por algumas políticas públicas. O certo é que os cursos mais elitizados não veem com bons olhos algumas políticas impostas pelo governo federal. Neste relato da gestão anterior do curso de Licenciatura em Educação do Campo da UF, temos comprovada esta situação:

[14] Maiores informações: AZEVEDO, E. Série: Agronegócio e agrotóxicos versus agricultura familiar e alimentos orgânicos. *Le Monde Diplomatique*, 2019.

> A coordenação da Licenciatura em Educação do Campo contou com oposição forte da coordenação do Departamento e da direção do Instituto, que teve como resultado final a não aprovação do PPC do Curso antes do início das suas atividades. (Inácio, 02 de setembro de 2016)

Importa refletir sobre essas questões do surgimento ou não de curso para a diversidade, pois os estudantes, futuros professores de Matemática nas escolas do campo, uma vez que as respostas dos estudantes colocam em evidência a diversidade presente nas universidades públicas, principalmente com as ações afirmativas viabilizadoras da tomada de consciência por direitos: "A esse avanço da consciência dos direitos correspondem políticas de garantia de direitos." (ARROYO, 2014, p. 121)

Com relação às pessoas que moram com os estudantes do curso em suas residências, foram mencionadas as seguintes situações pelos alunos estagiários:

Quem são as pessoas que moram com os estudantes da Licenciatura?		
Aluno 1	Lauri diz que mora com os filhos	
Aluno 2	Fabio mora sozinho	
Aluno 3	Correia mora com a esposa e um filho	
Aluno 4	Lucí mora com o companheiro	

Quadro 8: Pessoas que moram com os estudantes. Fonte: autor

Para Borges e Silva (2015, p. 10), "a Demografia se constitui no estudo das populações no tempo e no espaço. Sua dinâmica, composição etária, distribuição geográfica e demais características estão calcadas no comportamento das variáveis que a compõem, isto é, a fecundidade, a mortalidade e a migração." Durante todo o século XX ocorreu o êxodo rural e, na segunda metade do mesmo século, o fenômeno se intensificou com o governo incentivando a saída das famílias do campo para a cidade. De acordo com os dados do IBGE, relativos ao século XX:

> Na reforma de 1967 é introduzido o Imposto sobre o Valor Adicionado e são introduzidos mecanismo para aumentar a eficácia da arrecadação. Na reforma de 1988, com o aumento da participação dos estados e municípios na arrecadação dos impostos de renda e sobre produtos industrializados, o governo federal intensificou a arrecadação de contribuições sociais indiretas, não compartilhadas com estados e municípios, como COFINS, CSLL e CPMF. (IBGE, 2016, p.1)

Temos como dados concretos o fato de que, com a chegada das fábricas e a intensificação do trabalho nas indústrias, e seus possíveis benefícios, pessoas começaram a se deslocar na busca por outros modos de vida e sobrevivência. Assim, com base nas respostas ao questionário, concluímos que as atuais famílias oriundas do campo diferem um pouco daquelas do passado, e que as casas também não comportam mais diversos cômodos, como ocorria outrora (Figura 11).

Na questão seguinte temos uma base da totalidade de pessoas que moram com os alunos estagiários entrevistados. Vejamos.

Quantas pessoas moram em sua casa? (incluindo você);
Aluno 1: Lauri, quatro pessoas;
Aluno 2: Fabio, uma pessoa;
Aluno 3: Correia, três pessoas;
Aluno 4: Lucí, duas pessoas.

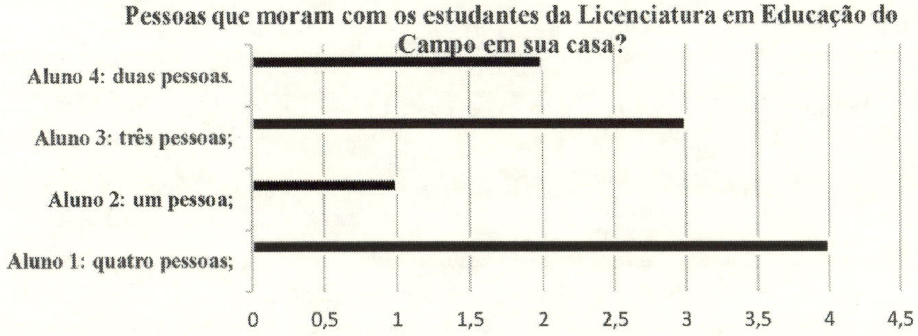

Figura 11: Quantidade de pessoas que moram com os estudantes da Licenciatura em Educação do Campo. Fonte: autor

É fato notório que, ao longo do século XX, o país foi passando rapidamente de um estágio rural para um estágio urbano, como já referido. O IBGE apresenta, por meio de dados estatísticos, o que ocorreu naquele período, chamando a atenção para a transição do Brasil de rural a urbano, principalmente a partir da década de 1960:

> O século XX foi caracterizado, no Brasil, por um intenso processo de urbanização iniciado em meados do século e fortalecido a partir de 1960. A parcela de população urbana passou de 31,2% em 1940 para 67,6% em 1980. A mudança de país predominantemente rural para urbano ganhou velocidade no período 1960-1970, quando a relação se inverteu: dos 13.475.472 domicílios recenseados no Brasil em 1960, pouco menos da metade (49%), se situavam nas áreas urbanas; em 1970, quando foram contados 18.086.336 domicílios, esse percentual já chegava a 58%. Um dado interessante sobre o mesmo período ilustra a diferença que então existia entre o campo e a cidade em termos de padrões de consumo. No Brasil de 1960, 61% dos domicílios tinham fogão à lenha e somente 18% fogão a gás. Em 1970, o percentual de domicílios com fogão a lenha passava de 45%, mas os que tinham fogão a gás já perfaziam 42% do total. A mudança para fogão a gás restringiu-se, porém, ao meio urbano: enquanto o percentual de domicílios com fogão à lenha baixou de 41% para 20% nos domicílios urbanos entre 1960 e 1970, na área rural o percentual se manteve praticamente inalterado, em torno de 80%. (IBGE, 2016, p. 1)

Estudos realizados a respeito da projeção de níveis e padrões de fecundidade no país nas últimas décadas, constataram um índice de natalidade baixo no Brasil, caindo para taxas bem abaixo da normalidade, e isso significa que daqui a alguns anos o país apresentará uma faixa etária elevada, conforme Campos e Borges (2015, p. 30):

> As modificações no comportamento reprodutivo observadas nos últimos séculos são uma mudança marcante na história da população. De um nível de fecundidade tido como natural, com elevado número de nascimentos, a fecundidade caiu para níveis extremamente baixos, muitas vezes inferiores ao número necessário para ao menos manter a população com o mesmo tamanho no longo prazo.

A comprovada diminuição da população que mora no campo nos motivou à elaboração da questão relativa ao número de pessoas

(Figura 11) que moram na casa dos alunos do curso de Licenciatura em Educação do Campo. O número de pessoas indicado nas respostas limita-se a quatro, em consonância com os dados apresentados pelo IBGE (2015) e por Campos e Borges (2015). Talvez o êxodo rural tenha surtido efeitos significativos para esta população, pois o que parece é que, aqueles que permaneceram no campo, como os alunos da investigação, são sobreviventes de áreas em que o agronegócio tem fincado e vem fincando sua bandeira, promovendo, desse modo, a aglomeração de pessoas em bolsões populacionais específicos.

Período	Êxodo rural (%)
1950–1960	17,4
1960–1970	17,2
1970–1980	15,6
1980–1991	9,4
1991–2000	6,6
2000–2010	3,5

Tabela 1: Períodos do êxodo rural para a urbanização. Fonte: IBGE.

Qual é a sua participação na vida econômica de sua família?

Aluno 1: Lauri trabalha e é responsável pelo sustento da família;

Aluno 2: Fábio trabalha, mas não é independente financeiramente;

Aluno 3: Correia trabalha e é responsável pelo sustento da família;

Aluno 4: Lucí trabalha e é independente financeiramente.

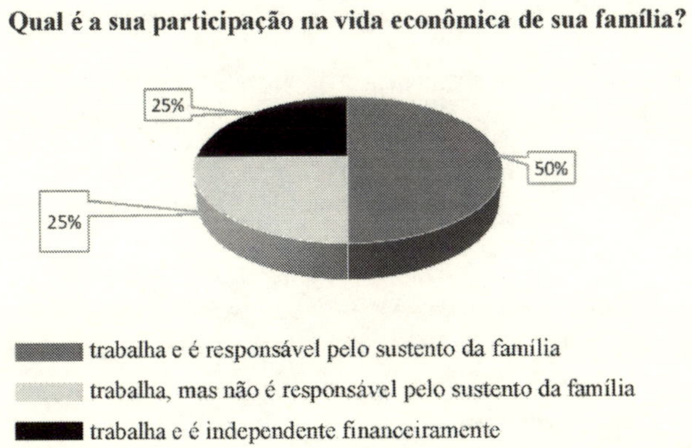

Figura 12: Participação na vida econômica da família. Fonte: autor

Quando os educandos afirmam que a sua renda familiar vem do campo e da cidade, nos remetem ao pensamento de Max Weber (1967), quando afirma "que não existe uma sociedade rural separada da comunidade urbana, no presente, em grande parte do mundo civilizado." (WEBER, 1967 *apud* VELHO, 2009, p. 89) Se pensarmos nos povoados da América Latina, podemos constatar que estes sobrevivem da sua própria produção agrária, retirando seu sustento de terras produtivas e da criação de animais, tanto por meio do trabalho manual como artesanal. No Brasil a conexão campo-cidade é intensa, pois a agricultura familiar é a responsável por 70% da produção dos alimentos destinados a alimentar as famílias brasileiras, conforme os dados do Censo Agropecuário de 2017. (IBGE, 2017)

Porém, o que pretendemos mostrar aqui, com base nesta pergunta dirigida aos educandos do curso, é que esses educandos participam ativamente da vida econômica de suas famílias. Dois estudantes disseram que trabalham e são responsáveis pelo sustento da família; um dos estudantes relatou que trabalha, mas não é independente financeiramente, e o outro assinalou que trabalha e é independente financeiramente (Figura 12).

Na continuação de nossa análise, verificamos que todos os estudantes da Licenciatura em Educação do Campo habilitação em Matemática trabalham, e isso é fundamental, pois estes podem vincular a ação educativa que ocorre na universidade com seus conteúdos do eixo integrador, eixo formador, nas plenárias, nas suas discussões, nas matérias específicas da habilitação em Matemática, para serem confrontadas com seu cotidiano no mundo do trabalho, ações que, segundo Alberto. L. P. Costa (2008), ajudam a formar sujeitos capazes de tomar decisões tanto no meio social, como no político e no econômico.

Para o Patrono da Educação Brasileira,[15] "subestimar a capacidade criadora e recriadora dos camponeses, desprezar seus conhecimentos, não importa o nível em que se achem, tentar 'enchê-los' com o que aos técnicos lhes parece certo são expressões, em última análise, da ideologia dominante." (FREIRE, 2015, p. 46) Por esse motivo, trabalhamos

[15] Paulo Freire foi considerado o Patrono da Educação Brasileira, nomeado através da Lei nº 12.612, assinada pela Presidente Dilma Rousseff e pelo Ministro da Educação Aloizio Mercadante, em 13 de abril de 2012.

com a Pedagogia da Alternância, que dá suporte aos educandos quando tiram férias do trabalho ou da colheita, permitindo que venham à universidade e frequentem os bancos escolares em tempos de recesso e de férias de um curso tradicional.

Para Paulo Freire, os educandos não podem e não devem ser "considerados como 'vasilhas' vazias nas quais se vá depositando o conhecimento dos especialistas, mas, pelo contrário, sujeitos, também, do processo de sua capacitação." (FREIRE, 2015, p. 46) Estes sujeitos devem estar no mundo e com o mundo, como sujeitos históricos, sociais e ativos, conforme destaca o educador em *Educação como Prática da Liberdade*.

Dessa forma, a "capacitação é indispensável ao aumento da produção, cuja necessidade, demasiado óbvia, não necessita ser discutida. O que, porém, não apenas se pode mas se deve discutir é a forma de compreender e de buscar o aumento da produção." (FREIRE, 2015, p. 46) Orientados por essa vertente do pensamento freiriano, alguns docentes do curso de Licenciatura em Educação do Campo começaram a desenvolver um projeto[16] visando aplicar as concepções de Freire ao aumento de fabricação do leite, dos meios de produção, utilizando a matemática para tratar de mecanismos essenciais para o plantio, derivados e utilização de terras para agricultura familiar.

O Triângulo Mineiro, por sua localização específica, é considerado uma região das mais produtivas na área da pecuária e agricultura no estado de Minas Gerais. O projeto de agricultura familiar da Licenciatura, ora engavetado, pretendia tratar das questões de economia solidária, com autogestão da unidade produtiva entre trabalho, terra, capital, produtividade; de modelagem matemática, de otimização de terras, e de outros meios que envolvessem matemática, a economia, matemática financeira aplicada e trabalho no cotidiano do campo. Com intenção de democratização econômica e inclusão social local, com foco na solidariedade, cooperação, comércio justo e respeito a natureza. "Como o ideal dos que fazem a economia solidária é uma sociedade de iguais,

[16] O projeto voltado para agricultura familiar, foi idealizado com a finalidade de envolver estudantes do curso de Licenciatura em Educação do Campo, para possíveis estágios em organizações econômicas (civil ou comercial) especializadas no assunto, e a intenção seria a apresentação dos dados levantados no colegiado do curso e nos órgãos competentes. O projeto não foi implantado em virtude de alguns entraves burocráticos e ideológicos e foi engavetado. Projeto de lucidez baseado nas concepções de Paul Singer sobre economia solidária para agricultura familiar.

fica evidente que entre ela e o capitalismo não há conciliação possível. Por isso, ela está sendo conhecida também como a *outra economia.*" (SINGER, 2018, p. 167)

Sobre a economia da região onde os alunos moram:

Aluno1: Lauri: agronegócio e agricultura familiar;
Aluno 2: Fábio: agronegócio e agricultura familiar;
Aluno 3: Correia: pecuária e agronegócio;
Aluno 4: Lucí: agricultura familiar.

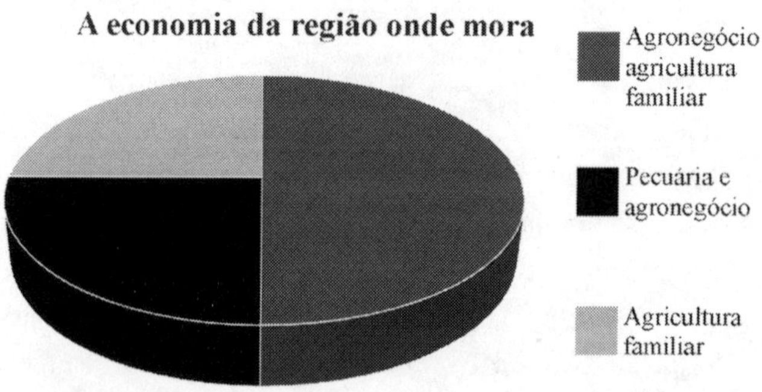

Figura 13: Questão econômica da região. Fonte: autor

Com base nos gráficos acima, podemos inferir que a região dos educandos da Licenciatura em Educação do Campo Habilitação em Matemática é predominantemente vinculada ao agronegócio e à agricultura familiar (Figura 13). Guilherme C. Delgado observa que o "esgotamento de um longo ciclo de crescimento econômico no início da década de 1980 e o fim da ditadura militar, em 1985, são demarcadores significativos do novo arranjo da ordem econômica e política em mutação." (2010, p. 88)

No Brasil, a agricultura familiar nunca despertou o interesse da classe empresarial. Sabemos que o país produz para exportação, e que valoriza uma cultura capitalista voltada para a manutenção dos negócios nacionais e internacionais: "O importante a assinalar é que, modéstia à parte, aqui no Brasil se tinha inventado ou ressuscitado uma economia especialíssima, fundada num sistema de trabalho que, compelindo o povo a produzir o que ele não consumia – produzir para exportar." (RIBEIRO, 2015, p. 19)

Enquanto na agricultura familiar o investimento é menor do que deveria ser, com a bancada dos deputados que lhe dão sustentação em Brasília é igualmente menor. Assim, como alavancar a agricultura familiar? Como fazer com que as pessoas permaneçam no campo? Como formar professores que ensinem matemática nas escolas do campo e voltada para o trabalho no campo? Isso não é tarefa fácil, pois os latifundiários, geralmente a serviço da política agropecuária do governo, não cedem parte das terras para a agricultura familiar, para a produção de alimentos e produtos básicos, especialmente no Sudeste brasileiro, região onde se encontra a maioria dos educandos.

Por outro lado, também vimos, no primeiro semestre de 2016, o Ministério do Desenvolvimento Agrário (MDA) sendo extinto, instituição que socorria pequenos agricultores por meio de editais e projetos de Assistência Técnica e Extensão Rural. O MDA assim define os critérios que ajudam a caracterizar a agricultura familiar nos moldes da Lei 11.326 de julho de 2006:

> As características gerais necessárias para o reconhecimento do agricultor familiar e empreendedor familiar rural são definidas da seguinte forma: (I) "Não detenha, a qualquer título, área maior do 4 (quatro) módulos fiscais; (II) "Utilize predominantemente mão de obra da própria família nas atividades econômicas do seu estabelecimento ou empreendimento"; (III) "Tenha percentual mínimo da renda familiar originada de atividades econômicas do seu estabelecimento ou empreendimento"; e (IV) "Dirija seu estabelecimento ou empreendimento com sua família". (AGROLINK, 2017)

Segundo Delgado (2010, p. 93), o Censo Agropecuário de 1996 registra um milhão a menos de estabelecimentos dessa natureza, comparativamente ao ano de 1985. No entanto, a modernização das máquinas agrícolas, o potencial de exportação na última década do século XX e início do século XXI, fez com que uma grande quantidade de trabalhadores não fosse habilitada para trabalhar no setor. A demanda por trabalhadores diminuiu no agronegócio, semelhante ao que ocorreu na fase mais efervescente da industrialização, no que se refere às condições de trabalho, a salários baixos e direitos trabalhistas. A recente "fase de expansão do agronegócio gera a ampliação do setor de subsistência, uma massa de trabalhadores desocupados e camponeses sem excedentes[17], descartados do novo processo de modernização técnica da agropecuária." (DELGADO, 2010, p. 105)

A relação das escolas que o aluno estudou no Ensino Fundamental I, Ensino Fundamental II e Ensino Médio. Essas instituições eram públicas ou privadas?

> Dos quatro alunos entrevistados apenas 01 (um) declarou ter estudado em escola privada nos três níveis, os outros informaram ter estudado em escolas públicas, municipais ou estaduais.

Você trabalhou enquanto cursava o Ensino Fundamental I?

> Aluno 1: Lauri destaca que não trabalhou durante o Ensino Fundamental I
>
> Aluno 2: Fabio informa que trabalhou durante o Ensino Fundamental I
>
> Aluno 3: Correia aponta que não trabalhou durante o Ensino Fundamental I
>
> Aluno 4: Lucí salienta que não trabalhou durante o Ensino Fundamental I

Antes de começarmos a análise deste tópico, vale ressaltar que existem atividades laborais que a criança pode desenvolver desde pequena. Isso não é um absurdo, pois percebemos que alguns pesquisadores como Freire (2015), Pistrak (2011), Shulgin (2013), dentre outros, defendem a relação educação/trabalho. Agora as maneiras como esse trabalho se dá é que pode ser objeto de discussão: "Na ingenuidade, que é uma forma 'desarmada' de enfrentamento com a realidade, miramos apenas e, porque não admiramos, não podemos mirar o mirado em sua intimidade, o que não nos leva a ver o que foi puramente mirado." (FREIRE, 2015, p. 56)

[17] Estes trabalhadores são considerados excedentes, pela vulnerabilidade do trabalho pesado que cumpriram durantes anos em usinas, na agroindústria, na pecuária e outros. Durante o exercício da profissão, muitos desses trabalhadores foram expostos a elementos químicos, aos chamados defensivos agrícolas, entre outros.

Segundo os dados coletados no questionário aplicado aos alunos estagiários, podemos verificar que apenas 01 (um) afirmou ter trabalhado durante o Ensino Fundamental I; os outros declararam não ter desempenhado nenhuma atividade relacionada ao trabalho. Alguns autores argumentam sobre a importância da iniciação ao trabalho na escola, que pode ocorrer tanto no jardim como em outros lugares, desde a infância. Assim, Shulgin (2013), baseado no trabalho de Dewey, *Introdução à filosofia da educação*, aponta que "o verdadeiro conhecimento é apenas aquele que está unido à capacidade, que dá a possibilidade de adaptar os nossos objetivos e desejos às reais condições de vida." (SHULGIN, 2013, p. 30) O que é interessante, no caso do trabalho envolvendo a criança, é que, para Shulgin (2013), a escola se conecta com a própria existência: "O trabalho produtivo pode ligar a escola com a vida, torna-se um hábito, pelo qual a criança aprende diretamente da própria vida." (SHULGIN, 2013, p. 30)

Para Shulgin (2013, p. 31), "o trabalho manual é a maneira pela qual se conduzem as crianças por todas as etapas da evolução da humanidade, um meio para mostrar as necessidades básicas da sociedade e as formas de sua satisfação." Dessa forma, o exemplo seguinte, que aponta o trabalho como uma prática na escola, não pode ser concebido como algo impraticável, conforme Shulgin (2013, p. 31): "Na quarta série (10 anos de idade), eles estudam a produção e o artesanato da *sua cidade ou do campo*: fábrica de sapatos, moinho, trabalho no campo. Organizam-se excursões à fábrica e à fazenda. Na quarta série, fazem-se visitas e estudos dos correios locais etc."

Voltando ao questionário endereçado aos estagiários do curso, entendemos, com Shulgin, que "o próprio trabalho escolar leva em conta esses requisitos: o jardim na escola é organizado neste espírito, de modo como é possível, nos quintais dos alojamentos infantis" (SHULGIN, 2013, p. 31-32). Cabe assinalar que escrever sobre as ações educativas de educandos em níveis distintos matriculados nos primeiros ciclos nos permite entender as dificuldades práticas enfrentadas no cotidiano. Nesse exercício, fomos descobrindo, com Pistrak (2011), "toda uma série de ideias de pedagogia social: e elas foram se tornando cada vez mais sólidas no processo de nossa luta." (PISTRAK, 2011, p. 16)

Você trabalhou enquanto cursava o Ensino Fundamental II?

Aluno 1: Lauri aponta que não trabalhou durante o Ensino Fundamental II

Aluno 2: Fabio indica que trabalhou durante o Ensino Fundamental II

Aluno 3: Correia declara ter trabalhado durante o Ensino Fundamental II

Aluno 4: Lucí aponta que trabalhou durante o Ensino Fundamental II

As respostas à pergunta sobre se os educandos trabalharam enquanto cursavam o Ensino Fundamental II, foram diferentes: 03 (três) declararam ter trabalhado e apenas 01 (um) declarou não ter trabalhado. Nesse período os alunos são adolescentes e já estão mais conscientes das situações que têm que enfrentar e sobre a sociedade a qual pertencem. É neste momento que os adolescentes se organizam para sair de casa com seus colegas de classe, experienciam seus primeiros relacionamentos afetivos, algo que requer condições financeiras favoráveis; nesse período eles também se tornam mais exigentes com relação ao consumo. Isso é mais problemático nas classes menos favorecidas, pois muitos adolescentes começam a trabalhar bem cedo. No entanto, essa relação com o trabalho precoce não é tão negativa assim, pois, segundo Arroyo (2014, p. 90), o "conhecimento tem sua origem nas experiências sociais, os trabalhadores em seus movimentos trazem experiências e conhecimentos radicais sobre as relações entre trabalho/conhecimento."

Constatado o fato de que muitos alunos precisam trabalhar muito cedo para contribuir com a renda familiar, uma pergunta se impõe: "Como trazer essas experiências e conhecimentos do trabalho ao direito ao conhecimento da classe trabalhadora e de seus(suas) filhos(as) ao chegarem na escola e aos centros de educação popular?" (ARROYO, 2014, p. 90) Shulgin (2013) sugere que já nos primeiros anos da escola o aluno entre em contato com alguns conceitos relativos ao mundo do trabalho, e que nas quintas e sextas séries estude sobre as principais indústrias do mundo, e que o estudo da economia nas últimas quatro séries seja associado ao conceito de gestão e que, na sétima série, o aluno siga estudando a história de algumas instituições públicas. É interessante aprender sobre a organização do próprio trabalho, algo que possibilita ao aluno adquirir conhecimentos a respeito dos artefatos produzidos em sua cidade ou região.

Para que a ideia de nova escola se concretize, o professor precisa estabelecer uma relação mais efetiva com o estudante, só assim será capaz de identificar quais alunos têm responsabilidades a serem assumidas no âmbito familiar; que nessa nova escola o professor seja capaz de despertar no seu aluno a percepção de que ele é um membro participativo da sociedade: "é preciso, portanto, desenvolver no professor, a todo custo, a aptidão para a criatividade pedagógica, senão, será impossível criar a nova escola." (PISTRAK, 2011, p. 21)

Você trabalhou enquanto cursava o Ensino Médio?

Aluno 1: Lauri declara ter trabalhado durante Ensino Médio
Aluno 2: Fabio aponta que trabalhou durante Ensino Médio
Aluno 3: Correia afirma que trabalhou durante Ensino Médio
Aluno 4: Lucí aponta que não trabalhou durante Ensino Médio

Neste tópico, 03 (três) alunos declararam ter trabalhado enquanto cursava o Ensino Médio e apenas 01 (um) declarou não ter trabalhado. Nota-se, então, que a maioria dos participantes da pesquisa começou a trabalhar muito precocemente. Neste caso em particular, cabe destacar que os universitários foram persistentes e conseguiram conciliar escola e trabalho, o que nos permite concluir que, aqueles que conseguem conciliar esses dois universos, adquirem responsabilidades que fazem a diferença no âmbito educativo e na vida profissional.

Durante a elaboração desta pesquisa percebemos que alguns alunos se mostraram resistentes a algumas atividades propostas em sala de aula, principalmente quando entrava em discussão temas relacionados com a alimentação e a hospedagem estudantil, além de oposição à gestão do curso. Ainda que durante as aulas tenham surgido questões políticas, os alunos, pelo fato de terem uma história de vida de enfrentamento, dadas as circunstâncias vividas cotidianamente e as mazelas impostas pelo poder público, apresentam sérias dificuldades com relação ao conteúdo trabalhado em sala de aula. Apesar de tais circunstâncias nem sempre se apresentarem favoráveis, elas tendem a ser vistas, por alguns, como experiências de aprendizado, conforme Arroyo (2014, p. 90): "Esses são os aprendizados e as pedagogias que os trabalhadores em seus movimentos trazem para a escola do trabalho, dos acampamentos e assentamentos, para a educação do campo, quilombola, indígena e para as escolas públicas populares urbanas."

Os grupos mencionados por Arroyo têm suas pedagogias próprias, suas crenças e valores, seus mecanismos de atuação na sociedade, e, em vista disso, não podemos desconsiderar os relatos dos membros oriundos desses contextos e que ingressam na universidade, um ambiente totalmente diverso daquele que eles conhecem. Muitos ficam hospedados em um hotel ou em repúblicas, na companhia de outros alunos que não conhecem, e isso gera demandas de diversas naturezas. A título de ilustração, citamos alguns casos em que os estudantes reclamam da qualidade ou do tipo de alimentos servidos no restaurante universitário, por não estarem habituados a consumi-los em suas regiões de origem:

> A coordenadora indicou que é preciso rever o que foi oferecido no lanche, posto que foi muito calórico, e no almoço, posto que a qualidade ficou a desejar. (Ata nº. 16/2015 de Reunião Ordinária do Colegiado do curso de Licenciatura em Educação do Campo, parágrafo 90)

No primeiro semestre de 2016 a discussão sobre a alimentação esteve também em pauta:

> **Diário de Campo do pesquisador-popular:** o aluno e a cultura alimentar.
>
> Pasárgada[18], 10 de janeiro de 2016.
>
> Me recordo de estudantes de licenciatura em Educação do Campo reclamando da alimentação. Um dos estagiários e um docente chegaram ao cúmulo de dizer que acharam um besouro na comida, e,

[18] Denominamos Pasárgada – nome fictício – a cidade em que os diários de campo foram elaborados.

> além de considerarem a comida muito forte e salgada, disseram que no hotel alguns estudantes passaram mal, sendo que isso teria ocorrido em virtude também de uma carga horária de estudo elevada. Em um episódio específico, o pesquisador precisou verificar com o responsável pela alimentação para diminuir a quantidade de sal, pois alguns estudantes estavam reclamando da comida, muito forte, segundo alguns. (Diário do Pesquisador-popular, 2016)

A situação apresentada no diário de campo vem ao encontro dos dizeres do ex vice coordenador Inácio, pois, naquele momento, a gestão de Beatriz e Inácio estava às voltas com alguns enfrentamentos por parte de alguns representantes do curso. Na reunião ordinária do Colegiado do curso de Licenciatura em Educação do Campo, realizada no mês de outubro de 2015, Inácio destaca uma dessas contradições existentes entre gestores e educandos:

> *Atualmente os alunos têm reclamado que não estão recebendo reembolso, mas eles reclamam sem ao menos verificar no banco, e nós temos comprovações que foram pagos.* (Ata nº. 027/2015, Inácio a respeito do depósito da bolsa que os alunos recebem para se manterem na universidade)

O episódio relatado envolve uma questão tanto ética quanto de responsabilidade, e a esse respeito, quando se trata da formação discente, Freire destaca que "não podemos nos assumir como sujeitos da procura, da decisão, da ruptura, da opção, como sujeitos históricos, transformadores, a não ser assumindo-nos como sujeitos éticos." (FREIRE, 1996, p. 17)

No próximo tópico apresentaremos as discussões a respeito das narrativas que foram coletadas junto aos gestores e aos estudantes, bem como as anotações do pesquisador-popular no Diário de Campo, colhidas durante os encontros, na universidade, nas escolas, e em outros contextos, inclusive durante as aulas da disciplina de Estágio Supervisionado em Matemática I. Esta fase foi definida por meio dos dados coletados com os estagiários da Licenciatura em Educação do Campo, além dos argumentos dos gestores que contribuíram para a fundamentação pedagógica desta pesquisa.

4.4 Sobre a dimensão pedagógica do curso de educação do campo habilitação em matemática

Nosso problema teórico e prático é o de reconstruir o espaço para que não seja o veículo de desigualdades sociais e, ao mesmo tempo, reconstruir a sociedade para que não crie ou preserve desigualdades sociais.
Milton Santos

Nesta seção, a dimensão pedagógica do curso de Educação do Campo Habilitação em Matemática será estudada a partir das anotações do diário de campo do pesquisador-popular, dos círculos de discussão, do questionário aos educandos, dos documentos do curso consultados durante as entrevistas e depoimentos. Para Freire (1996), é preciso, desde o começo do processo de formação, que o educando procure se libertar da educação ingênua. Assim, com a finalidade de discutirmos as atividades que foram desenvolvidas pelos estagiários, apresentamos as seguintes diretrizes, constantes do Diário de Campo do pesquisador-popular:

Diário de Campo

Pasárgada, 18 de julho de 2016.

Primeiro dia do Tempo-Escola. Disciplina Estágio Supervisionado em Matemática I. O início de uma jornada. [...] No dia 18 de julho de 2016, às 14:00 horas demos início à aula no laboratório de Física na Universidade, com término previsto para as 19h:10min. A aula tem início com o professor apresentando o Plano de Ensino da disciplina de Estágio Supervisionado em Matemática I, informando sobre a carga horária total de 120 horas-aula, tendo 15 horas-aula teórica e 90 horas-aula de prática e 15 horas-aula de atividade disciplinar. O objetivo geral, objetivos específicos, conteúdo programático, estratégia de trabalho, avaliação a ser aplicada durante o Estágio Supervisionado em Matemática I, e para finalizar, apresentação das referências bibliográficas. Após apresentar o Plano de Ensino, o docente comenta sobre pontos importantes do estágio:

> *a vivência na escola, observação do entorno escolar e de outras questões inerentes ao Estágio Supervisionado.* No mesmo dia, 18 de julho de 2016, o pesquisador-popular apresenta a sua pesquisa e o objetivo a ser alcançado, apresenta o termo de consentimento da pesquisa e a importância da divulgação dos dados, que por fim os estagiários leram e assinaram. O questionário que faz parte da pesquisa foi respondido e assinado por eles também.

Os educandos da Licenciatura em Educação do Campo Habilitação em Matemática provêm do campo ou de cidades pequenas e muitas vezes passam por constrangimentos e preconceitos. Muitos, quando ingressam na universidade, experimentam a dor do menosprezo, geralmente da parte de educandos dos cursos mais elitizados. No artigo denominado "Relato, projeto de estágio e prática de ensino entre alunos de licenciatura e alunos da escola pública", publicado nos *Anais do II Congresso Nacional de Formação de Professores/XII Congresso Estadual Paulista sobre Formação de Educadores*, realizado em Águas de Lindóia, 2014, Alberto L. P. Costa (2014) discorre sobre o acesso das classes menos favorecidas à universidade, e como se daria o trabalho com os assim chamados excluídos do meio educacional:

> Como motivar estudantes de escolas públicas periféricas a flexionar a catraca universitária? Sendo que há concorrência nos cursos, e os estudantes de escolas públicas periféricas nem sempre tem seu lugar nos bancos universitários e também são poucos que acreditam que podem ter, pois suas experiências não são motivadoras, e muitos nem terminam o ensino básico. (COSTA, 2014, p. 4440)

Os estudantes do projeto da Licenciatura mencionada dividem a mesma sala de aula em períodos intercalados e distintos dos daqueles estudantes de Medicina, das Engenharias, Letras etc. Paulo Freire observa que, para o educando que vive no campo, em comunidades, assentamentos, ou nas periferias da zona urbana, reclama-se uma pedagogia;

> [...] que tem de ser forjada com ele [...] na luta incessante de recuperação de sua humanidade. Pedagogia que faça da opressão e de

> suas causas objeto da reflexão dos oprimidos, de que resultará o seu engajamento necessário na luta por sua libertação, em que esta pedagogia se fará e refará. (FREIRE, 2014a, p. 43)

No conjunto de respostas dadas pelos educandos ao questionário que lhes foi apresentado, destacou-se a capacidade de narrar experiências, habilidade provavelmente desenvolvida ou durante o Ensino Fundamental, ou antes disso, provavelmente na audição de histórias narradas no contexto familiar. As situações relatadas remontam às experiências vivenciadas pelos estudantes desde os primeiros anos de frequência à escola, mas alguns rememoram também as vozes paternas e episódios anteriores ao ingresso na escola.

Iniciamos com a narrativa de Lauri, que relembra particularidades acerca do contato com a matemática em seu período de escola:

> Desde pequena a matemática foi importante para minha vida. No jardim e pré pude aprender um pouco sobre os primeiros números, conforme eu estudava e avançava nas séries este conhecimento só aumentava, e cada vez mais a matemática fazia parte de minha vida no dia-a-dia. (Narrativa de Lauri, em 18 de julho de 2016)

Lauri explica como a matemática foi utilizada para sua alfabetização, desde os primeiros ciclos do Ensino Fundamental. As lembranças da aluna remetem às observações de Nunes, Carraher e Schliemann (2011) sobre a relação da matemática com o cotidiano: "Uma compra ou venda numa feira, uma interpretação de uma planta numa construção, um cálculo de material para construção de um móvel são atividades cotidianas cuja organização envolve conhecimentos lógico-matemáticos." (2011, p. 31) Na esteira desses autores, ressaltamos que, logo nas séries iniciais, convém que os estudantes comecem a lidar com rudimentos de lógica e com as regras da matemática. De acordo com Cecília Parra (1996, p. 187), "Quando a educação primária se estende a uma parcela mais ampla da sociedade, definem-se três capacidades básicas que todos os alunos devem adquirir: ler, escrever e calcular", práticas que, segundo a autora, até então, eram reservadas para poucos.

O episódio citado por Lauri, a seguir, refere-se à questão pedagógica da cultura escolar, e é revelador das dificuldades que se impõem durante o processo de aprendizagem:

> Na minha escolarização, usei minhas tampinhas e palitos de picolés para aprender as primeiras somas e subtração. Nos anos seguintes cada professora ensinava de uma forma diferente, umas usavam tampas, outras palitos, a maioria, ensinava de forma tradicional, ela usava apenas o quadro e giz, o que deixava mais complicada a aprendizagem. E assim foi até eu concluir o ensino fundamental e médio. (Lauri, a respeito dos primeiros contatos com a matemática na escola, 18 de julho de 2016)

Pesquisadores têm se debruçado sobre o tema do fracasso escolar, no entanto, essa questão é complexa e envolve uma série de fatores. De acordo com Nunes, Carraher e Schliemann (2011, p. 42), a "chamada 'privação cultural' ou dos 'indivíduos marginalizados' aponta para a existência das mais variadas deficiências entre crianças de ambientes desfavorecidos, deficiências estas que são tanto de natureza cognitiva como de ordem afetiva e social."

Quando Lauri afirma ter aprendido matemática manipulando objetos cotidianos e típicos de seu contexto, no Ensino Fundamental I, e que o tradicional uso do quadro e do giz "deixava mais complicada a aprendizagem", o que é possível concluir a esse respeito? Será que ela considera mais produtivo utilizar apenas materiais manipuláveis para o ensino da matemática? E como ela aprenderia matemática nos anos posteriores ao Ensino Fundamental II e Ensino Médio, tendo em vista que nas séries posteriores o ensino dessa disciplina adota procedimentos mais formais, como as regras algébricas, que são intrínsecas à matemática e à sua lógica?

Sabemos que a aprendizagem é um processo que demanda tempo de estudo e dedicação, no entanto, sabemos também que nós, os docentes, não sabemos tudo, pois temos consciência que o ser humano está em constante construção e que tem consciência de que é um ser inacabado (FREIRE, 2014). O estudante, por sua vez, tem que ter consciência também de que não domina determinados conteúdos e que precisa dedicar boa parte de seu tempo para assimilá-los. Todos passam por situações semelhantes, sem distinção de instituições, crenças e atitudes, pois como admoestou Fernando Pessoa (1997, p. 72), "Sê todo em cada coisa. Põe quanto és. No mínimo que fazes. Assim em cada lago a lua toda brilha, porque alta vive."

Nesta narrativa de Correia destacam-se suas expectativas e as de sua família relativamente à aprendizagem em matemática:

> Minha mãe vivia falando das notas e logo dizia: "Esse menino vai ser engenheiro". Eu acredito que pela facilidade na matéria [...], minha mãe estava com razão na preferência pela matemática. Eu hoje estou próximo do meu sonho, minhas expectativas sobre o curso de licenciatura em matemática são grandes. (Correia, Sudeste brasileiro, 18 de julho de 2016).

Nesse relato percebe-se que o educando alimenta "grandes" expectativas no que diz respeito ao estudo da matemática, no entanto, em sala de aula verificamos sérias dificuldades de compreensão relativamente ao material didático trabalhado, além de ele ter demonstrado certa resistência à realização das atividades previstas no Plano de Ensino de Estágio Supervisionado em Matemática I. Então, como avaliar se ele tem ou não vocação para o exercício da disciplina?

No dia 25 de julho de 2016 foram apresentados aos alunos os documentos para serem preenchidos na escola quando do início do estágio, conforme consta do Diário de Campo:

> Diário de Campo
>
> Pasárgada, 25 de julho de 2016.
>
> Entrega das fichas para realização do Estágio Supervisionado em Matemática I. No dia 25 de julho de 2016, às 16h:40 min, demos início à nossa aula. Foram entregues aos futuros professores os materiais necessários para o desenvolvimento do Estágio Supervisionado em Matemática I. De acordo com as orientações gerais relativas ao Estágio Supervisionado em Matemática I, da Licenciatura em Educação do Campo, temos a seguinte situação: 5º período: mapear o estabelecimento de ensino no qual o estágio

> será preferencialmente realizado ao longo dos semestres seguintes, caracterizando-o sociodemograficamente e pedagogicamente (UF, 2014). Os documentos deixados com os estudantes foram os seguintes: Termo de Compromisso (3 vias), Plano de Estágio (3 vias), Formulário de Avaliação de Desempenho com Atestado de Conclusão do Estágio (2 vias), Relatório Final de Atividades (1 via), Formulário de Frequência de Estágio (1 via), Carta de apresentação do estagiário. Para cada formulário foram explicadas as etapas que deveriam ser cumpridas e as fichas que deveriam ser preenchidas ou elaboradas durante a realização do estágio.

Neste caso é necessário e primordial apresentarmos o diário de campo que foi produzido em sala de aula, elaborado no dia e hora do círculo de discussão, justamente no momento em que um dos alunos se recusou a fazer as atividades previstas no cronograma do Plano de Ensino.

No diário de campo do dia 27 de julho de 2016 o docente apresentou algumas atividades que os estudantes deveriam cumprir para entregar durante a disciplina, por exemplo, eles tinham que produzir um texto de até uma lauda, uma vez por mês. O aluno Correia contesta, alegando uma excessiva quantidade de atividades a serem desenvolvidas durante o estágio, e comenta que o livro Pedagogia da Autonomia de Paulo Freire apresentado em aula na disciplina de estágio estava ultrapassado. Os textos de uma lauda, e que seriam inseridos na pasta de estágio, tinham como finalidade auxiliar na redação do Relatório Final de Estágio. No entanto, a proposta não teve boa aceitação pelos alunos, que alegaram estar "fechados" entre eles, ocorrência que ficou registrada no Diário de Campo de 27 de julho de 2016.

É provável que semelhante recusa na execução de algumas atividades previstas estivesse relacionada com posturas políticas internas envolvendo a gestão e o supervisor do estágio. Nas fímbrias dessa política da recusa, ou da tomada de decisões nem sempre favoráveis à prática educacional, repousa aquilo que Freire observou sobre as instituições e suas decisões nem sempre pertinentes: "O mundo político se tornou um impressionante emaranhado de instituições que têm de decidir sobre o que não conhecem e que não têm poder de decisão sobre as realidades que efetivamente enfrentam." (FREIRE, 2013, p. 17).

"O grupo está fechado e nada fará com que eles mudem de ideia", afirmou com veemência um dos estagiários, em nome do grupo, sobre a execução das atividades propostas para a realização do estágio. Se a execução das atividades previstas era algo já acordado entre alunos e professor, o que teria motivado a repentina mudança de postura? O supervisor, persistente, não poderia deixar de procurar saber o que levou os estagiários àquela mudança de atitude. Tudo indicava que alguém, no âmbito do poder público, estava dirigindo aquela situação de recusa. Referindo-se ao poder dominador do "chefe" em alguns setores da política ou da economia, demanda bastante pertinente para nosso recorte, Weber observa que tal figura busca "transformar-se no dominador da administração entregando-a a súditos que a ele se ligam de maneira pessoal, a escravos, a servos, a protegidos, a favoritos ou a pessoas a quem ele assegura vantagens [...] em espécie." (WEBER, 1968, p. 61)

No Diário de campo ficaram registrados os fatos que se sucederam após a recusa inicial:

> [...] depois que a aula terminou, às 13h:10 min, os alunos foram para o restaurante universitário, eu particularmente estava ciente de que eles não iriam enviar o material de escrita, e esperava apenas a entrega do Relatório Final em outubro no Tempo-Escola.
> Permaneço um tempo na sala de aula. Depois, caminho em direção ao restaurante universitário, compro minha ficha de alimentação, pego minha comida, e sigo para sentar no refeitório. Quando estou procurando lugar para sentar, os quatro alunos da disciplina de Estágio Supervisionado me chamam para sentar-se com eles: olhei, parei e me perguntei: **Será que devo?**

"*Será que devo?*" Tal hesitação levou o pesquisador-popular a parar por um segundo, pensar e agir, e, desarmado da couraça do otimismo extremo e da ingenuidade, invocou para aquele momento uma das muitas lições de Freire (2014b, p. 238): "Quanto mais faço coisas de que gosto, com dedicação, rigorosidade, esperançoso, tanto mais me sinto satisfeito com a tarefa cumprida e mais me revigoro para continuar a luta sem desânimo mas também sem otimismos ingênuos." Posturas ingênuas podem obstruir a compreensão de questões corriqueiras, impedindo-as de serem vistas ou concebidas de um outro ângulo.

Apesar da recusa inicial em desenvolver atividades importantes para o exercício do estágio e do ensino da matemática, devemos levar em consideração o fato de que, em qualquer esfera da vida existem contradições, às vezes orientadas por convicções políticas, outras vezes de ordem moral, intelectual, religiosa etc., no entanto, como bem asseverou o Patrono da Educação Brasileira, "A exigência de conhecer o pensamento a ser criticado independe do bem-querer ou do malquerer que tenhamos à pessoa cujo pensamento analisamos." (FREIRE, 2014c, p. 71) As relações de poder são evidentes no âmbito da universidade, no entanto, segundo Freire, o que deve prevalecer "é a reprodução da ideologia e o desmascaramento por parte de um grupo que acredita estar com a faca e o queijo na mão. (1996, p. 98)

Apesar de os alunos assumirem uma certa postura radical ao se recusarem a desenvolver as atividades previstas para o estágio, devemos fazer algumas ponderações sobre a radicalidade em determinados contextos. Desde que em oposição à sectarização, Freire concebe a radicalidade como exercício da cidadania:

> A radicalidade, em posição diametralmente oposta à sectarização, é forma de estar sendo diante do mundo e das gentes, diante da política e dos fatos, que me interessa profundamente. A radicalidade sempre democrática, dialógica, portanto, nos motiva a ir cada vez mais profundamente à procura da ou das razões de ser das coisas, a não nos satisfazer com a pura aparência das coisas, a recusar a falsidade dos preconceitos. A radicalidade exige de nós uma "convivência" maior com a raiz dos problemas. (FREIRE, 2014b, p. 240)

Apesar das ponderações de Freire, o que estamos vivenciando atualmente é o acirramento da intolerância e da radicalidade; crise na educação; crise em todos os setores da sociedade: na política, na cultura, nos meios trabalhistas etc. Segundo Arendt (2014, p. 221), "A crise geral que acometeu o mundo moderno em toda parte e em quase toda esfera da vida se manifesta diversamente em cada país, envolvendo áreas e assumindo formas diversas."

No Diário de campo do dia 2 de setembro de 2016 foram sugeridas algumas datas e atividades que deveriam ser cumpridas pelos estagiários.

Diário de Campo

O pesquisador-popular e sua atuação.

Pasárgada, 2 de setembro, 2016.

Olá Fabio, muito bom esse primeiro contato. Confirmo o recebimento do texto. Estes textos que você vai produzindo durante as idas à escola, irá ajudar você a escrever o Relatório Final. ok. Lembrando que estes textos também servem como avaliação da disciplina, seguindo o Plano de Ensino de Estágio Supervisionado, e ficará na pasta de Estágio Supervisionado em Matemática I, arquivado. Fabio, não se esqueça de descrever o prédio da escola, o Projeto Pedagógico, como mencionei na aula, e todo o entorno, mas acredito que você estará fazendo isso nos próximos textos que enviará. Continue com seu estágio de observação e qualquer dúvida entre em contato, assim como está fazendo. Datas para entrega de trabalhos para avaliação (por e-mail), as quais podem ser alteradas durante o mês, como firmado em sala de aula:

Utilize um caderno de bordo para descrever a coleta de dados, datas para enviar os textos elaborados após a visita ao ambiente escolar:
31/08 – Elaborar primeiramente um texto de observação do prédio e da estrutura escolar.
25/09 - Segundo texto: vivência na escola e análise de documentos (se tiver o texto pronto, pode enviar antes se quiser, ok).
10/10 – Fazer observação da escola como um todo, entorno, observação em sala de aula e conversa com professores da escola. Observação do entorno da escola, se existe saneamento básico, posto de saúde, segurança, transporte público, área de lazer, e outros benefícios inerentes para o bem-estar da comunidade local.
13/ 10 - Entrega do Relatório Final do Estágio Supervisionado em Matemática I, pasta de estágio, contendo no máximo 10 laudas, sem incluir os anexos (fotos, imagens, tabelas, mapas, desenhos, arquitetura do prédio, entorno, pessoas e outros).
28/10 - Entregar atividade proposta.

Acabado o Tempo-Escola, os estudantes receberam todo o material necessário para dar início ao desenvolvimento do estágio. Nesta parte do diário, temos o relato de um estagiário que narra suas primeiras impressões e ansiedade ao entrar em contato com o ambiente escolar.

> Primeira visita à escola.
>
> Meu primeiro contato na Escola Estadual X enquanto estagiário, confesso que estava um pouco nervoso. Quando cheguei à escola fui muito bem recepcionado, a diretora me atendeu muito bem. Custei falar, pois o nervosismo tomava conta de mim, mas ela muito simpática me acolheu e quis saber como funcionaria meu estágio, expliquei para ela que este era somente observação do funcionamento da escola mas que eu me colocava à disposição da escola para ajudar no que eu pudesse. (Fabio, primeiro dia na escola como estagiário. Sudeste brasileiro, 2 de setembro de 2016)

Além da ansiedade inicial que acomete boa parte dos alunos encaminhados para estágio nas escolas, outras causas acabam gerando sentimento de frustração nessa parcela específica da comunidade universitária. De acordo com Selma G. Pimenta e Maria Socorro L. Lima (2012, p. 103), "Um dos primeiros impactos é o susto diante da real condição das escolas e as contradições entre o escrito e o vivido, o dito pelos discursos oficiais e o que realmente acontece." Ainda segundo as autoras, em relatórios de estágio, por exemplo, "a primeira revelação de muitos alunos é sobre o pânico, a desorientação e a impotência no convívio com o espaço escolar." (*idem*) Além desse pânico inicial, como bem relatou nosso estagiário Fabio, Pimenta e Lima destacam que, tanto no início das atividades como no primeiro contato com a escola, "são constantes os problemas relacionados com a falta de organização, de recursos materiais, de integração entre escola e estagiários, além de indisciplina, violência, entre outros." (*ibidem*)

O estagiário Fábio continua desenrolando seu rosário de vivências e percepções no contato com a escola:

> O retorno: relação entre professores da escola básica e estagiário.
>
> Assim que cheguei à escola, a vice diretora me pediu para esperar [...] na sala dos professores. Quando a diretora chegou me apresentou para os professores que ali estavam. Logo já conversei com alguns professores que me deram aula quando eu tinha estudado na escola. E uma das primeiras coisas que ouvi foi que os alunos não querem fazer nada, que não aprendem nada e que o estado forçaria

> eles passarem de qualquer forma. Um outro fato curioso é que uma ex professora de matemática me questionou sobre o porquê de eu não ter escolhido outra profissão, respondi que os bons professores que tive, como ela, contribuíram para que eu tomasse a decisão de ser professor. (Fábio, 2 de setembro de 2016)

O retorno à escola em que estudou e passou toda sua vida escolar, fez com que o estagiário refletisse sobre uma série de questões que marcaram parte de sua formação como ser humano, despertando nele um sentimento de "inconclusão" de seu ser, como bem destacou Freire (2014a, p. 101-102): "O homem como ser inconcluso, consciente de sua inconclusão, e seu permanente movimento de busca do ser mais. Por isto mesmo é que os reconhece como seres que estão sendo, como seres inacabados, inconclusos em e com uma realidade."

É discurso comum entre os professores no exercício da profissão que os alunos não querem nada com nada. Talvez parte desse diagnóstico de desinteresse se deva ao fato de a maioria das nossas escolas não proporcionarem as condições materiais necessárias ao exercício das atividades inerentes. As tensões, a violência, a política, as punições fazem com que os alunos muitas vezes não despertem para os conteúdos ministrados, como foi mencionado pelo professor ao estagiário. O não querer nada faz parte da situação em que se encontram alguns dos alunos atualmente, sem distinção de grau. Primeiramente, cabe ressaltar que a escola visitada pelo estagiário encontra-se nos arredores de um assentamento, e geralmente esses espaços não têm infraestrutura adequada. As condições mentais e materiais, oferecidas aos estudantes do Ensino Fundamental, do 6º ano ao 9º ano, são muitas vezes precárias. Então, como exigir que tais estudantes se sintam motivados e assimilem satisfatoriamente os conteúdos ministrados em sala de aula? De acordo com Paulo Freire (2015), muitas vezes o motivo da dispersão dos alunos se deve a conteúdos e temas que nada têm a ver com a sua realidade. Estes conteúdos são constituídos, segundo Freire, de procedimentos ingênuos aos quais os educandos são submetidos, o que, ao lado de outros fatores, pode explicar as fugas ao texto. Dessa maneira, a leitura dos alunos "se torna puramente mecânica enquanto, pela imaginação, se deslocam para outras situações." (2015, p. 10) Desse modo, a cultura escolar cada vez mais se dissipa ao som dos gritos roucos de professores em suas salas de aula, nos corredores dos prédios, no estacionamento ou no pátio da escola.

Outras vezes, a cultura escolar encontra-se duplamente presa: presa a grades curriculares engessadas e a procedimentos ineficazes, e presa, literalmente, a grades de ferro ou de madeira, como nos tempos da escola colonial.

> A cultura escolar atrás das grades.
>
> Depois que bateu o sinal para as aulas começarem, resolvi caminhar pela escola para observar a estrutura do prédio. O fato de ter grades que separam a quadra do lugar onde ficam as salas me chamou atenção, fiquei pensando como e o porquê de estarem ali, já que na minha época elas não existiam. Será que era para impedir o trânsito de alunos que estão em horário de educação física nos corredores, ou para que alunos não matassem aulas na quadra? Depois, conversando com um professor, ele disse que muitos alunos, antes da instalação das grades, saiam da sala e iam para o fundo da escola e pulavam o muro para ir embora e para evitar que alunos que estavam na quadra ficassem nos corredores atrapalhando quem estava tendo aula. (Narrativa produzida pelo estagiário Fabio. Sudeste brasileiro, 2 de setembro de 2016)

O que são as grades? De acordo com o dicionário *Aurélio*, a palavra *grade* serve para definir "uma armação de peças cruzadas ou paralelas, com intervalos, para resguardar um lugar, ou vedá-lo." (AURÉLIO, 2000, p. 351) É lamentável que, em pleno século XXI, especialmente na zona rural, tenhamos que recorrer à ajuda de grades para disciplinar os alunos e obrigá-los a assistir às aulas.

Nesse cenário descrito pelo aluno estagiário, o uso de grades passa a adquirir uma função disciplinar, na acepção de Foucault (2007). O uso de técnicas disciplinares semelhantes remonta aos colégios jesuítas e também ao século XVIII, época em que algumas instituições começaram a adotar procedimentos arquiteturais e disciplinares na forma de "classes", ordenação por fileiras etc., desdobramentos do espaço escolar que colocavam os alunos sob "os olhares do mestre". O espaço escolar assim constituído, segundo Foucault, funcionava "como uma máquina de ensinar, mas também de vigiar, de hierarquizar, de recompensar." (2007, p. 126)

Como é possível perceber, a organização da escola brasileira ainda se assemelha, em alguns lugares e em muitos aspectos, àquela vigente no século XVIII. Nas escolas oitocentistas, segundo Foucault (2007, p. 126),

> As disciplinas, organizando as "celas, os "lugares" e as "fileiras" criam espaços complexos: ao mesmo tempo arquiteturais, funcionais e hierárquicos. São espaços que realizam a fixação e permitem a circulação; recortam segmentos individuais e estabelecem ligações operatórias; marcam lugares e indicam valores; garantem a obediência dos indivíduos, mas também uma melhor economia do tempo e dos gestos.

Conforme foi informado ao aluno estagiário, na sua visita às estruturas da escola em que estava estagiando, as grades serviam para disciplinar os alunos e evitar que fugissem das aulas, procedimentos semelhantes aos adotados pelas instituições oitocentistas. Segundo Foucault, tais instituições se pautavam no seguinte princípio: "A disciplina às vezes exige a *cerca*, a especificação de um local heterogêneo a todos os outros e fechado em si mesmo. Local protegido da monotonia disciplinar." (2007, p. 122, grifo do autor).

Nessa esteira, é exatamente uma espécie de fechamento que representam as grades na arquitetura escolar, a divisão do espaço, o controle do fazer e obedecer. A filosofia dessas instituições que cercam, aprisionam, é, segundo Foucault (2007), fabricar corpos dóceis. Para essas estruturas arquiteturais,

> Importa estabelecer as presenças e as ausências, saber onde e como encontrar os indivíduos, instaurar as comunicações úteis, interromper as outras, poder a cada instante vigiar o comportamento de cada um, apreciá-lo, sancioná-lo, medir as qualidades ou os méritos. Procedimento, portanto, para conhecer, dominar e utilizar." (FOUCAULT, 2007, p. 123)

Assim, a organização do espaço disciplinar, seja nas escolas, prisões ou quarteis, visa, segundo o filósofo francês, "[...] anular os efeitos das repartições indecisas, o desaparecimento descontrolado dos indivíduos, sua circulação difusa, sua coagulação inutilizável e perigosa; tática de antideserção, de antivadiagem, de antiaglomeração." (*idem*)

A visita que o aluno estagiário faz à escola em que vai estagiar se reveste de significados múltiplos. É naquela escola que ele vai passar parte de seu tempo; é o espaço onde ele vai se "de-morar", "habitar", na acepção de Heidegger (2012). Enquanto construção arquitetural, a escola constitui-se no espaço em que o aluno estagiário irá desenvolver habilidades para a vida em sociedade, inclusive com suas contradições, pois, segundo Heidegger, construir e habitar se equivalem quando o que está em jogo é a ideia de como devemos pensar o habitar que aí se nomeia: "Quando se fala em habitar, representa-se costumeiramente um comportamento que o homem cumpre e realiza em meio a vários outros modos de comportamento. [...] o homem é à medida que *habita*." (2012, p.126-127, grifos do autor). Assim, complementa Heidegger (2012, p.127), "A palavra *bauen* (construir), [...], significa *ao mesmo tempo*: proteger e cultivar, a saber, cultivar o campo, cultivar a vinha. Construir significa cuidar do crescimento que, por si mesmo, dá tempo aos seus frutos." (*idem*). Assim, construir a escola e habitá-la, significa, por extensão, cultivar o espírito, aprender a lidar com o outro e com realidades outras.

Durante esse "habitar" a escola, o aluno estagiário terá a oportunidade de lidar com realidades que ajudarão a compor tanto seu espírito como o profissional em formação. De acordo com Pimenta e Lima, é muito importante conhecer a escola em seu cotidiano, e essa relação se apresenta como "condição para qualquer projeto de intervenção", haja vista que "o ato de ensinar requer um trabalho específico e reflexão mais ampla sobre a ação pedagógica" (2012, p.104). Convém que, para o amadurecimento no exercício da profissão docente, o aluno estagiário conheça e vivencie também as contradições que se materializam no interior da escola. Naquele espaço, segundo Pimenta e Lima (2012, p.104), "O estagiário vai se deparar com muitos professores insatisfeitos, desgastados pela vida que levam, pelo trabalho que desenvolvem e pela perda dos direitos historicamente conquistados, além dos problemas do contexto econômico-social que os afeta."

Depois desse longo parêntesis, voltemos aos nossos estagiários. Para nos certificamos da origem de muitos dos alunos do curso, realizamos uma entrevista com os gestores anteriores do curso. Ficou evidente que nem todos os estudantes são oriundos de movimentos sociais[19], e que a ideologia deles nem sempre coincide com aquela compartilhada entre os membros dos coletivos, conforme relatou Inácio, ex coordenador de Licenciatura em Educação do Campo:

> Há algo muito distante. Existem muitas coisas interessantes com relação a história desse curso. A maioria dos nossos alunos não são assentados nem acampados. Isso é esmagadora, ao contrário daquilo que fizeram crer, que os alunos que viriam do Norte de Minas seriam de assentamentos, mas *muitos deles não comungam nada com relação à ideologia*, não mesmo, a maioria pertence a comunidades, que é algo bem diferente das ideologias de movimentos, exemplo do MST e outros. (Comentário de Inácio sobre os alunos e sua ideologia, 10 de agosto de 2016)

Inácio destaca que a maioria dos alunos não são oriundos de assentamentos, e que, provavelmente por esse motivo, nem sempre suas concepções e ideologias estão de acordo com o que está ou foi idelogicamente posto para o curso de Licenciatura em Educação do Campo. Bakhtin observa que "é impossível estabelecer o sentido de uma dada transformação ideológica no contexto da ideologia correspondente, considerando que toda esfera ideológica se apresenta como um conjunto único e indivisível cujos elementos, sem exceção, reagem a uma transformação da infraestrutura." (2012, p. 40)

As observações de Inácio geraram uma certa inquietação com relação ao desenvolvimento do Estágio Supervisionado em Matemática I. Quando o professor orientador do estágio percebeu que apenas 01 (um) estudante se preocupou em adquirir o material para o desenvolvimento

[19] O fato de os alunos não serem oriundos de movimentos sociais, e alguns não serem camponeses, ficou nítido nas narrativas e nas entrevistas dos gestores. Para maiores informações ver a entrevista com Stedile (2012) " o homem do campo geralmente se define como agricultor, trabalhador rural ou como meeiro, arrendatário. É, na verdade, mais um conceito sociológico e acadêmico, que até pode refletir a realidade em que eles vivem, mas que não foi assimilado. Na essência, o MST nasceu como um movimento camponês, que tinha como bandeira as três reivindicações prioritárias: terra, reforma agrária e mudanças gerais na sociedade." (STEDILE; FERNANDES, 2012, p. 33)

de seu trabalho, decidiu que era hora de entrar em contato com os outros alunos, para entender o motivo do silêncio.

> Diário de Campo
>
> Reunião com os discentes.
>
> Pasárgada, 23 de setembro de 2016.
>
> No dia 23 de setembro, às 14h: 00 min, estamos marcando com os "estagiários" no Centro Educacional da Universidade, para podermos esclarecer algumas dúvidas a respeito do estágio supervisionado em matemática I. No entanto, apenas um apareceu para esclarecer alguns fatos, isso por que o aluno Fabio surgiu apenas para retirar novamente as fichas de estágio supervisionado e assinaturas, os outros não compareceram, não deram notícias, talvez por que não tinham nem começado o estágio. (Narrativa do docente para os estagiários, dia 23 de setembro de 2016)

Uma reunião foi agendada para tratar do assunto, mas apenas Fabio compareceu, além disso, apresentou um Boletim de Ocorrência, alegando ter perdido os documentos do estágio e que precisava reavê-los para dar continuidade às suas atividades. O docente fez algumas perguntas para o estudante e o aluno precisou escrever uma carta afirmando que tanto ele como seus colegas tinham recebido todos os documentos no mês de julho. Quando o professor solicitou que ele escrevesse um texto informando que todos os alunos tinham recebido os documentos, o aluno se negou a fazê-lo, mas depois voltou atrás e escreveu no fim da página: "Todos os documentos citados na carta foram recebidos por mim e pelos outros alunos do curso." (Carta do estagiário datada de 23 de setembro de 2016).

Depois desse episódio, o docente, orientador do estágio, enviou um e-mail na lista para todos os alunos e docentes, para ver se algum estudante se manifestava quanto ao assunto, mas não obteve resposta do grupo. Apesar de ter liberdade de se manifestar positiva ou negativamente sobre o assunto, ao que tudo indica, o aluno parece ainda não confiar ou teme assumir seu direito à liberdade, como observa Freire ao destacar que, além de não serem livres, as pessoas temem a liberdade:

"Raro, porém, é o que manifesta explicitamente este receio da liberdade. Sua tendência é, antes camuflá-lo, num jogo manhoso, ainda que, às vezes inconsciente. Jogo artificioso de palavras em que aparece ou pretende aparecer como o que defende a liberdade e não como o que a teme" (FREIRE, 2014, p. 33).

Diário de Campo

Sobre o material de estágio dos docentes.

Pasárgada, 23 de setembro de 2016.

Caríssimos Alunos,
Para todos os Alunos do 5º semestre, que estão fazendo a disciplina de Estágio Supervisionado em Matemática I.
Estão conseguindo fazer o Estágio?
Está tudo certo na escola?
Encontraram alguma dificuldade?
Até o momento apenas o Fabio, comentou sobre o Estágio Supervisionado em Matemática I.
E o restante dos alunos de matemática?
Tudo nos conformes?
Informações: Se precisar citar alguma obra, utilize o esquema abaixo:

Para desenvolver o Relatório Final, acompanhe as orientações gerais no material da disciplina, lembrando que o texto de escrita deverá ter de 5 a 10 páginas. Recomendo a referência do Patrono da Educação Brasileira, nomeado através da LEI nº 12.612.
Não esqueçam de seguir o Plano de Ensino, e suas atividades propostas.
Envie alguma notícia educandos, quando for necessário. ok
Bom trabalho para todos!
Aguardo retorno.
Até breve.

(Narrativa do docente para os estagiários da Licenciatura em Educação do Campo Habilitação em Matemática, dia 23 de setembro de 2016)

A intenção do docente era que os estagiários percebessem a importância do exercício da escrita a respeito da escola, de suas particularidades e do *feedback* com o coordenador do Estágio Supervisionado em

Matemática I, ajustando-se, dessa forma, às competências e habilidades que estão na base da concepção do curso de Licenciatura em Educação do Campo com habilitação em Ciências da Natureza e Matemática da Universidade Federal aqui estudada, a saber:

1. Competências referentes ao comprometimento com os valores inspiradores da sociedade: reconhecer o diálogo, a participação, a pluralidade de vozes nos diversos contextos educativos, como elemento fundamental nos processos democráticos e para o exercício da cidadania e participação dos sujeitos no campo e, sobretudo, ampliar os espaços de participação democrática por meio de uma prática pedagógica dialógica.
2. Competências referentes ao domínio dos conteúdos de natureza científico-cultural a serem socializados, aos seus significados em diferentes contextos e sua articulação interdisciplinar, tais como: aprender a planejar e construir projetos de inserção social voltadas para educação e metodologias específicas, a partir da aquisição do conhecimento em termos de conceitos, procedimentos e atitudes; promover o uso do conhecimento de forma que a aprendizagem seja criativa, autônoma, colaborativa e de comunicação e expressão, como princípios indissociáveis da prática educativa; compreender processos educativos, de forma a estabelecer relações e integrar as áreas da educação do campo com outras áreas do conhecimento relacionado às questões das ciências da natureza e matemática, de maneira interdisciplinar, com o intuito de redirecionar as ações no ensino e aprendizagem.
3. Competências referentes ao domínio do conhecimento pedagógico, tais como: atuar como agente de processos e vivências educativas utilizando as tecnologias de informação e comunicação como uma ferramenta didático–pedagógica, articulando os conteúdos conceituais com as didáticas das ciências da natureza e matemática, a partir do princípio metodológico de ação-reflexão-ação para o desenvolvimento de competências, na busca de solução de problemas da sociedade humana, global e planetária; contribuir para a aprendizagem empreendedora, na perspectiva de valorização dos indivíduos, de suas capacidades, de suas relações sociais e éticas,

em um processo de transformação de si próprio e de seu espaço social, de maneira a favorecer as mudanças nos paradigmas comportamentais e de atitudes nos contextos educacionais e de desenvolvimento pessoal e profissional, dentre outras.

Apesar da tentativa de alinhar as atividades de estágio com as competências previstas nos fundamentos do curso em foco, e de tentar conscientizá-los da importância desse processo para a formação docente, os estagiários se mostraram indiferentes às propostas da disciplina. Cabe ressaltar que a preocupação principal não estava relacionada com a quantidade de conteúdos escritos que os estagiários deveriam produzir, mas sim, que produzissem com vistas à compreensão do cenário educacional típico de seus contextos de estágio.

A ideia de incentivá-los a escrever sobre o cotidiano escolar consistia também em fazê-los refletir sobre seu próprio ser e estar no mundo; que se tornassem sujeitos conscientes e críticos de sua condição de futuros profissionais da educação em um contexto marcado por contradições de toda ordem. Que eles próprios construíssem suas narrativas, independentemente do estabelecido nos costumeiros projetos pedagógicos; que desenvolvessem uma postura crítica e uma visão do aspecto social da escola e da sala de aula desapegada da engessada política dos currículos. Mas ao invés disso, alguns alunos estagiários optaram por assumir uma postura defensiva, atitude previsível em contextos educacionais em que importa muito mais o número de horas cumpridas na escola do que pensar os porquês da alienação, como observaram Henry A. Giroux e Peter McLaren (2002, p. 134):

> Para muitos professores que se veem lecionando para alunos da classe operária ou integrante de minorias, a falta de uma estrutura bem articulada para o entendimento das dimensões de classe, cultura, ideologia e gênero, presentes na prática pedagógica, favorece a formação de uma alienada postura defensiva e de uma couraça pessoal e pedagógica que frequentemente se traduz na distância cultural entre "nós" e "eles".

Ainda segundo Giroux e McLaren, essa postura defensiva se dá em virtude da falta de atenção à teoria social crítica no que se refere à reconstituição da denominada "teoria educacional radical", algo que "tem privado os futuros professores de uma estrutura teórica que lhes permita valorizar, compreender e avaliar os significados que seus alunos constroem sobre si próprios e sobre a escola, com isso restringindo a possibilidade de lhes dar os meios para o autoconhecimento e o fortalecimento do poder." (2002, p. 133-134).

Quando o supervisor do estágio incentiva os alunos à produção da palavra escrita, mesmo que por e-mail, e que discorra sobre sua prática, o gesto não se traduz em mera cobrança do cumprimento das atividades. Ele os provoca à palavra, mesmo que defensiva, pois deixá-los no silêncio é permitir que abdiquem de um poder que pode ser adquirido por meio da voz: "calar a voz de um aluno é destituí-lo de poder." (GIROUX; MCLAREN, 2002, p. 137).

Depois de perguntar aos estagiários se estavam conseguindo cumprir o estágio, se estavam enfrentando alguma dificuldade na escola, e se tudo estava nos conformes, o professor orientador obteve apenas uma resposta. Passados alguns dias, Lauri se manifesta a respeito do estágio, nos seguintes termos:

> Bom dia [...] professor.
> Até o momento estou fazendo o estágio de observação, não estou tendo problemas. O relatório final é para o dia 10 de outubro? Obrigada. (Lauri, sobre o estágio, 28 de setembro de 2016)

Vale destacar que, como esta aluna não enviou nenhum material ao docente, supõe-se que a prática pedagógica não tenha sido vivenciada na escola, embora a estagiária o tenha afirmado. Segundo Freire (2014b, p. 71), "Não há prática pedagógica que não parta do concreto cultural e histórico do grupo com quem se trabalha. Esse é o princípio fundamental dessa pedagogia [...]."

Sobre o tema discutido até aqui, cabe ressaltar que mais ninguém se manifestou sobre o assunto, nem compareceu à reunião agendada para o esclarecimento de dúvidas. Infelizmente, ao que parece, os alunos estavam, de certo modo, desmotivados quanto à realização do estágio. Talvez tenha faltado diálogo, pois, segundo Freire (2014a, p. 111), "O diálogo, como encontro dos homens para a tarefa comum de saber agir, se rompe, se seus polos (ou um deles) perdem a humildade". Mas "fechados", como se declaram os estagiários, como estabelecer um diálogo?: "como posso dialogar, se me fecho à contribuição dos outros, que jamais reconheço, e até me sinto ofendido com ela?" (FREIRE, 2014a, p. 112) Ainda segundo Freire (2014a, p. 110), "Não há diálogo, porém, se não há um profundo amor ao mundo e aos homens. Não é possível a pronúncia do mundo, que é um ato de criação e recriação, se não há amor que infunda."

Essa provável falta de diálogo talvez sirva para revelar, por um lado, um dos sintomas mais críticos da cultura contemporânea, ou ainda uma espécie de "silêncio" contestador do modo como certos projetos pedagógicos destoam da realidade social e material que se impõe ao aluno estagiário no momento em que ele entra em contato com a escola. Embora Paulo Freire tenha defendido veementemente uma educação conformada à realidade social e cultural do aluno, o fato é que, segundo Giroux e McLaren (2002, p. 128),

> A educação do professor raramente tem ocupado espaço público ou político de importância dentro da cultura contemporânea, onde o sentido do social pudesse ser resgatado e reiterado a fim de dar a professores e alunos a oportunidade de contribuir, com suas histórias culturais e pessoais e sua vontade coletiva, para o desenvolvimento de uma contra-esfera pública democrática.

No poema Os ombros suportam o mundo, publicado inicialmente no livro *Sentimento do mundo*, em 1940, o poeta Carlos Drummond de Andrade associa as contradições do mundo à vida: "As guerras, as fomes, as discussões dentro dos edifícios/provam apenas que a vida prossegue/e nem todos se libertaram ainda" (1977, p. 55). Assim como ocorre à vida das pessoas, a vida escolar e seu entorno também não está livre de contradições e conflitos, de modo que, segundo Giroux e McLaren (2002, p. 139),

> [...] a vida escolar deve ser conceituada não como um sistema unitário, monolítico e inflexível de regras e relações, mas como uma arena fortificada em que sobejam contestações, luta e resistência.

> Além disso, a vida escolar pode ser vista como uma pluralidade de discursos e lutas conflitantes, como um terreno móvel onde a cultura-de-sala-de aula se choca com a cultura-de-esquina, e onde professores, alunos e diretores ratificam, negociam e por vezes rejeitam a forma como as experiências e práticas escolares são nomeadas e concretizadas.

Nessa esfera em que conflitos e discordâncias se coadunam, cabem ainda os desencontros e (des)acordos entre professores, alunos e gestão, embora tudo faça parte do processo de construção da cidadania em regimes que se querem democráticos.

Diário de Campo

Pasárgada, 06 de outubro de 2016.

> Coordenação,
> Por gentileza, quero deixar registrado que a disciplina de Estágio Supervisionado em Matemática I terá apenas *um encontro neste Tempo-Escola, outubro de 2016*. Assim, torna-se necessário que no horário da disciplina não ocorram atividades da Semana da Licenciatura em Educação do Campo (minicurso ou oficina), pois **é a última e única aula**, terá uma avaliação a respeito da disciplina - uma discussão -, ou seja, um diagnóstico que remete para a identificação de algum problema evidenciado no Estágio Supervisionado em Matemática I, além de que os estagiários precisam entregar a produção de Estágio. Espero que tudo ocorra conforme a carga horária, e que a disciplina seja ministrada em um período fora dos trabalhos da semana, até mesmo por que não vou participar do evento.
> Grato
> Até breve.
>
> (Mensagem do supervisor do estágio para a coordenação da Licenciatura em Educação do Campo Habilitação em Matemática, a respeito do horário de aula, dia 06 de outubro de 2016)

A solicitação acima não foi atendida pela coordenação do curso, de modo que as disciplinas de Estágio Supervisionado em Matemática I e Geometria Analítica acabaram coincidindo com o horário das atividades da Semana de Licenciatura do Campo, embora o docente tenha solicitado cordialmente que nesse período não fossem ministradas as aulas habituais. A mencionada Semana de Licenciatura deveria ocorrer entre os dias 10 e 15 de outubro de 2016, como consta do e-mail do dia 06 de outubro de 2016 (Diário de Campo): "Espero que tudo ocorra conforme a carga horária, e que a disciplina seja ministrada em um período fora dos trabalhos da semana [...]"

Cabe lembrar que um dos objetivos da Semana de Licenciatura consistia em motivar os alunos a participarem com vistas não só à creditação de horas, mas à efetiva participação nas atividades culturais oferecidas no âmbito da universidade. Naquele dia, esperava-se que os alunos fossem dispensados das disciplinas programadas, e se envolvessem mais com as atividades culturais do campus, as quais visam não apenas a socialização, mas também a formação crítica, inclusive por um viés artístico e cultural.

O referido episódio nos transporta, irremediavelmente, ao atualíssimo ensaio "A Vida dos Estudantes", escrito por Walter Benjamin em 1915 para se referir à situação do estudantado alemão e às universidades alemãs que cultivavam o ensino da "ciência" e da profissão com vistas apenas à obtenção de títulos e certificados, escusando-se de promover uma formação vinculada à arte e à cultura. Sobre aquelas instituições, Benjamin fez a seguinte observação: "A deformação do espírito criador em espírito profissional [...] apossou-se por inteiro da universidade, isolando-a da vida intelectual criativa", de modo que "[...] o estranhamento hostil e a incompreensão da escola perante a vida – uma vida que precisa da arte – podem ser interpretados como recusa da criação imediata, não ligada à profissão." (BENJAMIN, 1986, p. 155).

Em um texto intitulado "Toda prática educativa implica uma concepção dos seres humanos e do mundo", integrante da obra *Ação Cultural: para a liberdade e outros escritos*, Paulo Freire assinala que "a experiência nos ensina que nem todo óbvio é tão óbvio quanto parece." (FREIRE, 2015, p. 67).

Para além das discordâncias, entraves políticos-ideológicos e desencontros, a educação do campo e sua pedagogia de atuação deve dirigir um olhar mais comprometido com projetos e iniciativas alternativas, com a proposta de atividades diferenciadas para os educandos. A Pedagogia da Alternância é o diferencial da discussão pedagógica do curso de Licenciatura de Educação do Campo com relação às outras licenciaturas que estão sofrendo com a evasão escolar. Em entrevista, Beatriz, que atuou como elaboradora do projeto e ex coordenadora do curso, teceu as seguintes considerações sobre a Pedagogia da Alternância e o Tempo-Escola no âmbito da graduação:

> O principal é a pedagogia da alternância com o tempo-escola e o tempo-comunidade, isso é uma grande provocação para as outras licenciaturas, porque podemos pensar outras formas de pensar o tempo para a graduação. A nossa graduação é forte em tecnologia, o diferencial, isso é uma característica nossa, no nosso caso, não é só a presença da tecnologia, tanto quanto recurso, como também organização de pensamento, pensamos na formação de professores pensando com as tecnologias. (Beatriz, na Casa Terra, 10 de agosto de 2016)

Nos inquieta o fato de que "o campo desperta a atenção do homem contemporâneo, não apenas pelo fenômeno regional do fracasso do ensino rural, e sim, talvez, por ele perceber que sua própria crise fundamental é consequência de sua ruptura com a terra." (NOSELLA, 2012, p. 35) Assim, pensar o respeito à terra e às pessoas que nela e dela retiram seu sustento, objetos do projeto da Pedagogia da Alternância, significa preservar os momentos de vivência e fortalecer a relação que durante muito tempo o homem vem estabelecendo com a natureza. Valorizar a educação do campo é também e inclusive fornecer meios e dar voz aos indivíduos do campo em seus contextos. O ato de manter o homem do campo no seu torrão, orientando-o quanto ao seu papel social nesse contexto e protegendo-o das influências de interesses econômicos particulares, deverá evitar o que ocorre ao homem das metrópoles, conforme Paolo Nosella (2012, p. 35-36):

> O homem das metrópoles parece reviver o significado do antigo mito grego: enquanto o herói permanecia em contato com a terra-mãe, ele era invencível; logo que perdeu esse contato, sua vulnerabilidade tornara-se fatal. É uma crise que, em sua manifestação mais aguda, se expressa no desamor que o próprio homem do campo, pressionado pela conjuntura de interesses econômicos particulares e imediatos, tem para com sua terra, odiando-a e fugindo dela.

Retornando ao curso de Licenciatura em Educação do Campo, a ex coordenadora do curso, Beatriz, assinala que, durante as reuniões com os movimentos, as discussões foram acirradas sobre quais seriam os conteúdos programáticos mais adequados à comunidade do campo:

> Dos movimentos que foram participando das reuniões, eles queriam outras habilitações. Então essa não foi uma conversa que não foi muito suave, que era uma conversa de convencê-los e apresentar a justificativa, nossa palavra permaneceu, eles queriam as áreas geografia, história, e outras, as áreas oferecidas eram muito temerosas, por serem áreas difíceis. Eles diziam que poderiam ter muita evasão. (Beatriz, Casa Terra, 10 de agosto de 2016)

A dimensão pedagógica compreende um leque abrangente que envolve dinâmicas de relações de poder. Os cursos oferecidos, com suas devidas habilitações, foram, de acordo com Beatriz, muito disputados durante sua implantação. Durante as reuniões com os movimentos sociais e a comunidade local, foi possível perceber que, entre as áreas propostas para o curso, as que contemplam as ciências da natureza e a matemática não tiveram, a priori, boa recepção. O que fica claro na entrevista com a ex-gestora uma certa hesitação das pessoas com relação à aplicabilidade da habilitação em ciências e matemática no âmbito da educação do campo. É uma questão cultural em nosso país a não valorização das ciências exatas, mas no que diz respeito ao edital da SECADI, as habilitações que estavam sendo contempladas em primeira instância eram aquelas propostas pela coordenação. Vejamos o que Beatriz argumenta a esse respeito:

> O edital dizia que tinham preferência as áreas do curso, aí na época eu tinha boa relação com professores do instituto, nós nos organizamos e escrevemos a primeira matriz. O edital abria para outras áreas, mas a preferência era para essas habilitações, ciências da natureza e matemática, pela falta de professores nesta área. (Beatriz, Casa Terra, 10 de agosto de 2016)

Freire destaca a importância de se superar o senso comum e que isso "implica uma diferente compreensão da História." (FREIRE,

2014c, p. 35) Superada essa indiferença para com as ciências e a matemática, o estudo de disciplinas como biologia, física, química e matemática deveria levar as comunidades do campo a se debruçarem sobre ações reflexivas e formativas, tornando-se capazes de atuar nas escolas do campo. De certa forma, essa medida satisfaria a demanda relativa à formação de professores nas áreas com déficit educacional, segundo o INEP (2003).

As ações educacionais colaboram, ao lado da prática pedagógica, para a cultura escolar e constrói seus referenciais de acordo com a necessidade formativa de cada coletivo e seus múltiplos aspectos de trabalho. Isso pode ser verificado nas concepções que norteiam alguns grupos, conforme Beatriz:

> A única coisa que chamaram a atenção, foi a necessidade da mística, para eles era fundamental, e a ciranda das crianças, e desde o inicio do curso, sabemos que nosso curso ainda não é o que deveria ser, na época entramos em contatos com pessoas que tinham disponibilidade, experiências nas místicas. (Beatriz, na Casa Terra, 10 de agosto de 2016)

As práticas dos grupos se manifestam nas pedagogias que lhe são intrínsecas, e um desses casos pode ser ilustrado por meio das místicas citadas nas reuniões que definiam as ações pedagógicas do curso. Para Stedile (2012, p. 131), "incorporamos a mística como uma prática social que faz com que as pessoas se sintam bem em participar da luta", ou seja, os valores, as crenças e atitudes dos grupos fazem com que as experiências sejam levadas à universidade em cursos que é priorizam a diversidade cultural dos povos. Segundo Fernandes (2012, p. 132), "A mística é uma prática que o movimento desenvolve. De certa forma, é seu alimento ideológico, de esperança, de solidariedade. [...] Ela tem um caráter histórico, de esperança, de celebração permanente." Outra reivindicação no âmbito da dimensão pedagógica era a implantação da ciranda das crianças, definida pela ex gestora como

> [...] uma espécie de creche. Enquanto os alunos estão aqui estudando, seus filhos ficam na creche. Outros cursos mais antigos mantêm

> esse suporte para as crianças, nós sabemos que seria interessante, mas esses cursos trabalham com poucos alunos, 30 no máximo. Esses cursos conseguem alojar os alunos em casa, mas nosso curso tem mais alunos, de modo que nossas turmas não cabem em uma única casa. (Beatriz, na Casa Terra, 10 de agosto de 2016)

Essas experiências envolvendo a ciranda das crianças permitem que os pais, oriundos de outras regiões, possam estudar em um curso superior com o projeto de Pedagogia da Alternância e ainda consigam manter sua família próxima e integrada. De acordo com Beatriz, o curso de Licenciatura em Educação do Campo em foco não consegue contemplar este objetivo, pois existem situações que imprimem ao curso outra dinâmica. É preciso levar em consideração as manifestações culturais dos sujeitos do campo, uma vez "que as técnicas, o saber científico, assim como o procedimento empírico dos camponeses se encontram condicionados histórico-culturalmente." (FREIRE, 2015, p. 46)

Outra questão colocada no âmbito da dimensão pedagógica do curso em análise se referia aos professores que iriam lecionar as disciplinas nas habilitações aprovadas. Segundo a ex gestora, existiu uma oposição com relação aos professores indicados para exercer essa tarefa. As pessoas que estavam participando das reuniões muitas vezes não entendiam os trâmites do processo de seleção para trabalhar no curso:

> Tem uma coisa curiosa sobre a participação dos movimentos. No início eles ficaram aborrecidos porque achavam que era legítimo os integrantes dos movimentos serem os professores. Eles queriam que os professores dos movimentos fossem também os professores do curso, e eles tinham uma dificuldade e resistência para entender isso, e que o professor que está na universidade federal passa por um concurso público, que precisava ser mestre ou doutor para lecionar, o concurso é um processo transparente, as regras são apresentadas antes, eles achavam que o sujeito estando no movimento estava apto para dar aula no curso; isso causou um impacto para eles, depois foram entendendo. (Beatriz, na Casa Terra, 10 de agosto de 2016)

O entendimento para tal questão envolvia a formação dos atores que futuramente iriam atuar na escola do campo. As pessoas que estavam participando dos movimentos naquela ocasião não formavam um quantitativo capaz de atender as disciplinas de habilitações específicas para o curso de Licenciatura em Educação do Campo, porém, os docentes deveriam estar cientes que era necessário que participassem como sujeitos favoráveis à formação de novos professores capazes de atuar escolas do campo. Não bastava à nova licenciatura que seus professores tivessem tido uma formação pedagógica e intelectual orientada por escolas tradicionais ou "catecismos religiosos", classificados por Arroyo (2014, p. 74) como "aparelhos ideológicos de despojo, ocultamento, marginalização, dos outros saberes dos Outros". A licenciatura que estava sendo implantada, com vistas à educação do Campo, requeria profissionais comprometidos em adotar pedagogias conscientizadoras, esclarecedoras, pois, de acordo com Arroyo (*idem*):

> As metodologias de conscientização, politização constituem uma rica herança na diversidade de projetos de educação-conscientização-politização dos coletivos populares assumidos como tarefa libertadora por inúmeros grupos, programas de educação popular, vindos, de intelectuais, educadores, igrejas, ONGs...

As pedagogias dos grupos campesinos, que passam de pai para filho, são essenciais para a formação dos sujeitos que estão compartilhando a prática de vivências experimentais. No caso do curso investigado, essas ações seriam fundamentais para o sucesso da graduação, mas sabemos que nem sempre isso ocorre como deveria ser. Além da prática de vivências, os grupos campesinos também devem ser contemplados com uma educação que os torne críticos: "Nunca talvez tenhamos necessitado ou estejamos precisando tanto de uma educação criticizante, não no sentido falso com que às vezes se procura caracterizar o pensamento crítico." (FREIRE, 2014, p. 242)

A dimensão pedagógica busca analisar, além das questões das práticas em sala de aula, os programas de ensino e de conteúdo do curso. Na licenciatura em análise existe uma preocupação com relação ao futuro do curso, pois estamos vivenciando um momento inédito em nosso país relativamente à educação, nas universidades, nas escolas e em vários setores da vida social. Quando perguntamos a respeito do futuro do curso, obtivemos a seguinte resposta de Beatriz, idealizadora do projeto de licenciatura do campo:

> Vamos ter anos muito complicados, tem a ver com o momento político no Brasil, que tem colocado os movimentos sociais em situações difíceis. Todo mundo está sendo vigiado, e as contabilidade feitas, e é hora de limpar os excessos. Então vamos ter anos minguados sim, fracos, mas o curso continua sim, pode não ser o curso como conhecemos hoje, até mesmo a licenciatura ganha outro contorno, por que **precisamos alimentar esses professores que lecionam no campo, e atende alunos no campo, temos que ter professores.** (Beatriz, na Casa Terra, 10 de agosto de 2016)

Voltamos à velha discussão de casa grande e da senzala, uma vez que estamos retrocedendo quanto ao processo de emancipação das pessoas no Brasil, principalmente das classes menos favorecidas. Dessa forma, necessitamos da engrenagem de formação docente funcionando para continuarmos com o desenvolvimento do projeto de educação do campo para comunidades emergentes. Já existe, de acordo com a ex gestora, uma preocupação referente à realidade do curso e de projetos para a formação de professores oriundos do campo. Beatriz comenta que existem escolas em cidades no triângulo mineiro com mais de oitenta por cento de alunos da zona rural, o que faz com que as instituições de ensino superior organizem cursos de formação inicial e continuada para contemplar os sujeitos que atuarão nas escolas rurais.

> **Temos cidades com alunos que tem 80% vivendo em fazenda. Nós temos alunos nesta situação, o professor quer saber como essa situação funciona.** Acho que vamos ter uns dez anos de crise e depois normaliza, acredito.
> (Beatriz, na Casa Terra, 10 de agosto de 2016)

Dessa forma, é essencial que se continue investindo na Licenciatura em Educação do Campo, pois com essa iniciativa a população do campo poderá permanecer nas localidades de origem. Permanecer e atuar no interior de suas comunidades é importante, pois, segundo Arroyo

(2014, p. 73), "Ao destruir a vida cotidiana e impor aos povos originários e aos escravos um modo único, homogêneo de sua produção, as outras formas de vida são submetidas ou destruídas."

A Pedagogia da Alternância é comentada com frequência nas entrevistas, pois se percebeu que até bem pouco tempo o curso não estava de acordo com o PPC da Licenciatura em Educação do Campo. Isso ocorre porque muitos alunos são de outras localidades e a verba estipulada para o semestre não chega a ser suficiente para que esta ação pedagógica seja efetiva, impedindo o acesso aos docentes no Tempo-Comunidade, assim como exposto no projeto. "A alternância se processa passando um período no Centro de Formação (lugar da reflexão e estudo) e outro no futuro ambiente de trabalho (meio rural e escolas)." (NOSELLA, 2012, p. 97) Quando questionada a respeito do programa a Pedagogia da Alternância (TE e TC), se tudo estava ocorrendo conforme o Projeto Pedagógico do Curso e quais os entraves que ainda persistiam, Beatriz relatou:

> Não está ocorrendo a Pedagogia da Alternância do jeito que queríamos. Os entraves principais vêm de pessoas de muito longe. Isso não pode acontecer. No início o edital não podia restringir alunos de outros lugares por ser uma universidade federal, mas se não fizermos isso, não tem condição de manter o curso, os alunos estão muitos dispersos, precisamos identificar os lugares e cidades que podem virar polo. Este é o momento para isso, criar polos. No PPC indicamos aquelas cidades que os alunos e professores iriam para lá, nos encontros, mas ainda não conseguimos. Essas são cidades que temos contatos com escolas e pessoas interessadas em participar da LIEDUCA, mas não conseguimos consolidar. (Beatriz, na Casa Terra, 10 de agosto de 2016)

Beatriz chama a atenção para a natureza do curso, que é de formação de professores, e lamenta que isto não esteja ocorrendo na prática. A ex gestora comenta a impossibilidade do projeto ser contemplado com êxito, pois existem muitos entraves para o bom andamento da licenciatura. Um deles consiste no fato de que está longe de satisfazer os movimentos sociais e à formação de professores para as escolas do campo para filhos de camponeses. Beatriz lamenta a situação pedagógica do curso, pois entende e exemplifica episódios que se erguem como barreiras, dificultando a formação de professores:

> Formação de professores, esse é um curso de formação de professores, e infelizmente isso é a última coisa que está na mente das pessoas, estamos formando militantes, nossos alunos os mais promissores quando tiveram contato com professores, começaram a perder o mais importante, a preocupação com o que é o pedagógico, e passam a ser soldados, sempre em resistências, nos nossos documentos aparecem mais a palavra luta, resistência do que a palavra Educação.
> (Beatriz, na Casa Terra, 10 de agosto de 2016)

A idealizadora do projeto se posiciona afirmando com veemência que o curso é de formação de professores. A visão dos ex gestores, Beatriz e Inácio, vai de encontro ao projeto pedagógico do curso, mas parece, segundo eles, que ainda falta um longo caminho a ser trilhado até que a licenciatura em educação do campo atinja os objetivos mencionados na proposta aceita na SECADI. Como bem observou Nosella (2012, p. 95), "Muitas são as reformas educacionais que fracassam ou que nunca se aplicam, pela inadequada formação dos professores encarregados de aplicá-las."

Assim, um curso que preze pela qualidade na formação inicial de professores, que cumpra a especificidade de cada graduação, deve estar em consonância com os ideais que foram firmados nas reuniões com as pessoas dos movimentos sociais, com os pesquisadores, com os grupos interessados no sucesso da graduação, com os professores que participaram do projeto, e, inclusive com a Reitoria, que apoiou o desenrolar do curso na universidade, entre outros.

5

Considerações insubmissas

A vida é fruição, é uma dança, só que é uma dança cósmica, e a gente quer reduzi-la a uma coreografia ridícula e utilitária.
Ailton Krenak

Acreditamos que o Estágio Supervisionado, especialmente nas licenciaturas da Escola do Campo, apresenta-se como uma disciplina fundamental no processo formativo do futuro professor, tendo em vista que é a partir dele que o sujeito desenvolve aptidões para o exercício da carreira docente. As atividades desenvolvidas durante o estágio podem representar, conforme Pimenta e Lima (2012, p. 138): "[...] uma modalidade de formação contínua muito importante para a valorização do magistério."

Iniciamos este trabalho trilhando algumas veredas da história da educação no Brasil, inclusive da educação matemática, desde o século XIX até o momento atual; mencionamos principalmente o fato de a educação brasileira ter se mantido, durante muito tempo, no atraso e na imitação de modelos europeus impraticáveis e inaplicáveis à nossa posição geográfica e à nossa realidade étnica e cultural. Essas contradições foram assinaladas por Gilberto Freyre, Darcy Ribeiro e principalmente por Paulo Freire, autor fundamental para a compreensão do processo de formação educacional de modo geral e das populações do campo, em particular.

Há décadas a educação do campo vem tentando ocupar lugar efetivo no âmbito do processo formativo educacional brasileiro. O Brasil é um país que ainda apresenta alto índice de pessoas sem formação escolar e essa situação, vivida principalmente pelos moradores da zona rural e da periferia, tem que ser revertida. Desde os primórdios da nossa formação, o campo e a educação caminharam separadamente e tal estado de coisas se manteve inalterado por muito tempo; só nas primeiras décadas do século XXI é que emergiram alguns incentivos visando àquela parcela da população, com a abertura de cursos que buscam, por meio de projetos do PRONERA, incentivar a formação para a educação superior. Uma das pautas dos movimentos sociais é justamente a Educação do Campo, com foco na escola básica e na graduação.

A imensa desigualdade que caracteriza a sociedade brasileira ocasiona o isolamento de vários segmentos da população, os chamados "desiguais", termo muito mais abrangente e que compreende, principalmente, as populações e segmentos que se encontram à margem da sociedade e do sistema educacional. Segundo Arroyo, tais segmentos foram denominados "desiguais" não apenas por se encontrarem separados do restante da sociedade por "margens, muralhas, fronteiras", mas, sobretudo, "desiguais em condições de vida, de emprego, moradia, saúde, escolarização, letramento, nível de renda." (ARROYO, 2014, p. 44) Os sujeitos que vivem à margem, e dela não conseguem sair em virtude das condições de existência que o poder público impõe, são tratados como "pássaros vivendo em uma gaiola: alimentam-se do que encontram na gaiola, voam só no espaço da gaiola, procriam, repetem-se e só veem e sentem o que as grades permitem." (D'AMBROSIO, 2017, p. 18)

Neste trabalho, os estudos de Paulo Freire foram essenciais para o entendimento da dialogia entre professor e aluno, porque explicitam os termos que são intrínsecos ao ambiente educacional no processo formativo e sua práxis, e apontam os conceitos de *Liberdade e Autoridade* como elementos constituintes da fronteira situada entre os sujeitos envolvidos nas ações educativas. Freire discute em profundidade o sentido da emergência da ingenuidade no sujeito oprimido em seu processo de formação da criticidade, especialmente no que diz respeito ao processo de educação para a liberdade, uma educação que não pode ficar restrita à mera condição de trampolim para um diploma universitário. Freire defende que o ato de conhecer convida a uma nova ação: "O ato de conhecer envolve um movimento dialético que vai da ação à reflexão sobre ela e desta a uma nova ação." (2015, p. 80)

Na tentativa de responder à pergunta inicial da nossa pesquisa – "Como tem se constituído a Licenciatura em Educação do Campo com habilitação em Matemática no contexto da disciplina de Estágio Supervisionado em Matemática I?" –, verificamos que a constituição do curso em tela passou por uma série de altos e baixos, políticos e ideológicos; tais meandros tornaram-se visíveis em diversos documentos e narrativas produzidas pelos gestores anteriores do curso, nas Atas do colegiado e do Conselho de ensino superior da instituição federal que abriga a referida licenciatura. Durante nossa investigação, a discussão a respeito da constituição do Curso de Licenciatura em Educação do Campo e principalmente a vivência na formação de professores por meio do papel do estágio supervisionado, foi marcada por narrativas ora favoráveis ora contrárias à implantação da graduação na universidade federal mencionada ao longo das nossas discussões.

Segundo Paulo Freire, não existe neutralidade na educação, porque ensinar é um ato político, de modo que o processo de conscientização não se dá "através de cursos e discursos ou pregações eloquentes, mas na prática sobre a realidade." (2015, p. 177) No entanto, a mentalidade crítica é fundamental, a responsabilidade histórica do sujeito de se reconhecer como pessoa que atua no mundo e com o mundo; por meio dela é possível transformar a travessia da desigualdade educacional que a classe dominante e burguesa deteriora, impondo mecanismos de poder e controle. (FREIRE, 2014a)

Quanto às práticas culturais voltadas para o processo formativo em Matemática, colocamos em discussão a responsabilidade de educadores e pesquisadores em considerar as ações educativas e práticas desenvolvidas pelos movimentos e suas etnias, como assinalado por Ubiratan D'Ambrosio (1990) em seus estudos sobre a etnomatemática. Haja vista que o espaço de experiência vivido pelos coletivos e a localidade onde se desenvolvem os mais diversos trabalhos são locais propícios para a investigação sobre os entrosamentos dos meios profissionais, o olhar voltado para as escolas do campo e seu entorno, em sua dinâmica nas atuações escolares e no trabalho local, fez-se primordial.

A análise da disciplina Estágio Supervisionado em Matemática I nos conduziu ao entendimento da importância de se vivenciar teoria e prática na formação inicial de professores no curso de Licenciatura em Educação do Campo, porém, com a proposta de desenvolver atividades, foi possível observar uma certa desmotivação dos alunos estagiários quanto à realização das tarefas inerentes ao estágio, agenda que deveria ser cumprida durante o Tempo-Comunidade. Segundo D´Ambrosio (1996, p. 21), "O conhecimento é o gerador do saber, que vai, por sua vez, ser decisivo para a ação, e por conseguinte é no comportamento, na prática, no fazer que se avalia, redefine e reconstrói o conhecimento."

No estudo sobre a dimensão organizacional do curso destacaram-se questões relacionadas com as diferenças ideológicas no interior da instituição; a estrutura de poder e decisão, assim como apontado por André (1995); o papel dos agentes envolvidos no processo de implantação do curso etc. Durante a consulta à documentação relativa à implantação do curso, destacou-se o caso da secretaria do curso e sua mudança para um local que melhor atendesse os estudantes e funcionários envolvidos com o curso de Licenciatura em Educação do Campo; os dilemas que levaram a secretaria para a Casa Terra e todas as problemáticas que foram surgindo na aceitação do projeto a ser desenvolvido fora do instituto. Estes entraves foram mencionados pelos ex coordenadores do curso, Beatriz e Inácio, nas narrativas e entrevistas e em diversos momentos durante os debates e reuniões. O esvaziamento do colegiado, supostamente com a finalidade de travar o andamento do projeto aprovado pela SECADI, projeto este aprovado entre os dez primeiros no Brasil, revelou-se como um dos sintomas dos já mencionados entraves políticos e ideológicos que se impuseram durante as discussões e negociações em torno da implantação do curso.

A disponibilidade de recursos humanos apresentada pelo Edital foi também um assunto discutido no âmbito da constituição do curso de Licenciatura em Educação do Campo; debates sobre a localização e a instalação da licenciatura, bem como sobre a importância dos técnicos foram questões tidas como fundamentais para a logística do curso, especialmente pelo fato de trabalhar com uma dinâmica diferenciada da das outras graduações, uma vez que a graduação em foco está pautada na Pedagogia da Alternância.

Como aponta André (2015, p. 44), a "dimensão fundamental no estudo das questões do cotidiano da escola é a sociopolítica/cultural, que se refere ao contexto sociopolítico e cultural mais amplo, ou seja, aos determinantes macroestruturais da prática educativa." Nesta dimensão foram analisadas as questões sociais, culturais e políticas do curso de Licenciatura em Educação do Campo.

No decorrer deste trabalho, foi possível verificar, pelo menos na turma que participou desta pesquisa, que seus membros são majoritariamente oriundos de comunidades de pequeno porte e da zona rural, e que não comungam com a ideologia política típica dos movimentos sociais que reivindicam a implantação de cursos voltados para a formação de alunos oriundos do campo, como os sujeitos responsáveis pelo projeto que lutou para a implantação da graduação em educação do campo.

Nos círculos de discussão e nas narrativas destacou-se a falta de motivação para com as disciplinas, no diálogo com o professor etc. A ex-coordenadora do curso, Beatriz, chegou ao ponto de afirmar que não existia a possibilidade de lecionar qualquer disciplina para a turma em questão, pois a comunicação entre eles estava deteriorada. Esse estado de coisas exige "uma reflexão sobre o momento histórico, sobre as forças políticas e sociais e sobre as concepções e os valores presentes na sociedade." (ANDRÉ, 2015, p. 44)

Com relação à prática vivenciada, compreendemos que esta não ocorreu conforme estipulado no contrato didático e no termo de consentimento. Embora as referências e atividades relacionadas tenham sido sugeridas, a situação em sala de aula foi de indiferença, tanto na teoria como na prática. É provável que certas posturas político-ideológicas e culturais tenham perpassado as questões inerentes à execução do estágio supervisionado; a decisão pelo não desenvolvimento das atividades sugeridas foi constatada na análise dos dados, mas a abordagem poderia ter sido diferente se as questões políticas não tivessem sido tão decisivas naquele momento. Selma G. Pimenta e Maria Socorro L. Lima observam que, na pesquisa desenvolvida por Maria Isabel B. Serrão (2002) destacou-se o fato de que "[...] os estagiários [...] tiveram a oportunidade de aprender que os espaços e as condições sociais podem se transformar em lugares sociais de educação, de apropriação da cultura, de formação das múltiplas dimensões humanas." (PIMENTA; LIMA, 2012, p. 74)

No estudo da dimensão pedagógica do curso priorizamos o tripé professor-aluno-conhecimento. Tal dimensão abrange um leque amplo de ideias, que inclui conteúdos e materiais didáticos utilizados em sala de aula e fora dela, comunicação e linguagem, recursos metodológicos, relação professor-aluno, avaliação, trabalho e carreira profissional etc. Deduzimos que o conhecimento aprimora-se no processo avaliativo constante, com os educandos submetidos ao exercício de produção de narrativas continuamente – fazer, aprender e saber –, atitudes e atividades que elevam seu nível de conhecimento quando estudam "fazendo".

Foram muitas as contradições em torno do "contrato" estabelecido para a execução das atividades inerentes ao estágio, no entanto, foi possível tirar uma lição desses embates entre alunos, professor e gestores: nos cursos de graduação e licenciatura voltados para a educação do campo faz-se necessário repensar alguns parágrafos dos projetos pedagógicos, dos planos de ensino, o andamento dos debates nos colegiados e o foco dado à questão educacional pensada para alunos do campo.

É necessário associar teoria e prática vivenciada no ambiente educacional num momento em que a intolerância ganha força na sociedade brasileira, afetando principalmente a educação e a cultura que geralmente são alvos de intransigências de toda ordem, conforme observado por Paulo Freire em *Pedagogia da Tolerância*. Dessa forma, é de fundamental importância analisar e refletir a(s) cultura(s) de cada indivíduo envolvido no processo educacional e o tipo de formação que pretendemos oferecer para nossos futuros professores.

Estamos longe de encerrar a discussão sobre a formação de professores por meio do estágio supervisionado, e sobre a formação de professores realizada na modalidade Pedagogia da Alternância. Para que possamos dar prosseguimento a essa discussão, são necessários estudos que analisem propostas de formação como esta; não basta discutir a legitimidade ou não de sua implementação e toda a política que ronda sua constituição por meio do estágio supervisionado, convém que se faça uma reflexão sustentada por pesquisas que investiguem suas possibilidades, limitações e diferentes aspectos do espaço educativo na Educação do Campo.

Provocações de um pesquisador periférico

O convite para realizar o posfácio do *livro "O abandono da Educação do Campo no Brasil: pistas para uma educação matemática descolonial"* chega em um momento muito especial para mim e se constitui uma deferência sem igual.

Acompanho o autor desta obra desde a sua formação inicial, realizada no curso de Licenciatura em Matemática da Faculdade de Ciências e Tecnologias (FCT/Unesp), Campus de Presidente Prudente - SP. Sempre inquieto e com olhar curioso, me procurou para realizarmos juntos uma investigação. Realizou, então, sob minha orientação, uma primeira pesquisa de iniciação científica na qual investigou a relação dos alunos ingressantes no curso de Pedagogia com a Matemática. Tal investigação se caracterizou como a primeira aproximação do autor deste livro com a pesquisa científica e com todo o universo acadêmico-científico, oportunizando vivências e aprendizagens, por meio do contato com pesquisadores mais experientes, quando da socialização dos resultados obtidos em eventos científicos e publicações.

É com essa inquietude que o autor conclui sua formação inicial e parte para o mestrado na Universidade Estadual de Maringá (UEM), sob a orientação da querida e muito experiente pesquisadora no campo da Educação Matemática, Profa. Dra. Regina Maria Pavanello. Em sua pesquisa de mestrado, o autor passa a discutir as interações entre os formadores de professores que ensinam

Matemática em um ambiente virtual de aprendizagem. Análise do discurso na formação de professores, dificuldades de comunicação entre tutor-professor e dificuldades de comunicação em cursos de Licenciatura, na modalidade à distância, são temas discutidos pelo autor nesse momento. Inicia-se, também, sua atividade como professor do Ensino Superior.

O autor retorna à FCT/Unesp para a realização de seu doutoramento junto ao Programa de Pós-graduação em Educação (PPGE). Observo, atenta, seus apontamentos e indagações relacionados à formação de professores de Matemática. Uma preocupação genuína com questões sociais dos futuros professores e suas condições de vida foram sendo apresentadas e discutidas nas reuniões de orientação.

Com seu ingresso como docente na Universidade Federal do Triângulo Mineiro, com atuação direta no Curso de Licenciatura em Educação do Campo, habilitação em Ciências da Natureza e Matemática, baseado na pedagogia da alternância, tais indagações tomaram vulto e se constituíram foco central de suas reflexões, aproximando-o aos estudos de Paulo Feire, que culminou em sua tese de doutorado intitulada "Uma investigação sobre a Licenciatura da Educação do Campo (habilitação em Matemática) tratada com base na Educação Popular" e defendida no ano de 2018.

Tal tese é a base desta obra!

E nesta obra, ao discutir a natureza e constituição de um curso de Licenciatura em Educação do Campo, por meio de diferentes perspectivas (ou dimensões) - organizacional, pedagógica e sociopolítica/cultural – o autor revela suas raízes históricas e os desafios ainda postos à formação de professores e a Educação do Campo no Brasil.

Revela, ainda, toda a sua inquietude e vivacidade, típica de pesquisadores sensíveis às questões ligadas àqueles que estão à margem da sociedade e do sistema educacional. Assim, o livro amplia nosso olhar para além do óbvio, fazendo-nos romper com as barreiras entre áreas de pesquisa e de contextos de formação. Reafirma a importância dos Estágios Supervisionados na Formação inicial de

Professores, como espaço de aprendizagem da docência, que relaciona teoria e prática.

Espero que a leitura tenha sensibilizado você, leitor, para as questões sociais e educacionais apresentadas e discutidas pelo autor.

Maria Raquel Miotto Morelatti
Programa de Pós-graduação em Educação (PPGE)
Faculdade de Ciências e Tecnologia (FCT/UNESP)
Universidade Estadual Paulista

Presidente Prudente, SP, julho de 2022

Pistas para o caminho da leitura

Posso estar errado, mas sempre tive meus sonhos, e eles são grandes. Não podem me dizer que não tenho estratégia. [...] Para sonhar ainda me sobram asas.
Pepe Mujica

A investigação nos levou a adentrar no sistema cultural, econômico, político e educacional, além de compreendermos a mentalidade exposta quando se fala em pesquisa no país, entre outros:

- Conhecer os meandros da história da educação brasileira e principalmente o abandono da educação do campo.

- As lutas, vitórias e conquistas dos movimentos sociais à procura de um lugar de destaque na sociedade.

- O objetivo da investigação foi compreender a constituição de um curso de Licenciatura em Educação do Campo, por meio dos documentos oficiais de surgimento do curso e a entrada de uma turma no estágio supervisionado, que iria ocorrer em quatro escolas do campo em município distintos. No entanto, uma parte da investigação não ocorreu, pois, as escolas do campo não existiam no estágio, além de manobras para que o estágio não acontecesse.

- Compreender os meandros do surgimento de um curso de Licenciatura em Educação do Campo habilitação em Matemática, as disputas políticas dentro do ambiente acadêmico.

- Os estudantes teriam que conhecer e apresentar quatro escolas do campo e o entorno da comunidade em regiões de Minas Gerais onde as escolas estão inseridas, porém não foi possível, dada a data estipulada para a entrega das narrativas que não foram cumpridas e que também não foram elaboradas.

- Por meio do estágio supervisionado, os estudantes iriam descrever o ambiente educacional e sua estrutura local.

- Também tinham que descrever o entorno das escolas localizadas no campo, uma vez que o conhecimento do entorno era essencial para compreendermos o desenvolvimento de políticas públicas no ambiente escolar. Não foi possível conhecer, haja vista que não existia uma preocupação em disseminar o descaso e abandono dos possíveis locais investigados, ou seja as escolas do campo.

- Com relação ao entorno escolar, os estudantes teriam que desenvolver a observação das seguintes situações: se existia saneamento básico na comunidade próxima da escola, tais como: abastecimento de água, esgotamento sanitário, limpeza urbana, drenagem urbana, manejos de resíduos sólidos e de águas pluviais; se existia Sistema Único de Saúde (SUS); segurança pública; ambientes de lazer e cultura; preservação do meio ambiente; e outros.

- Com estes indicadores, poderíamos organizar medidas cabíveis para a cobrança e elaboração de políticas públicas efetivas para escolas do campo, nas localidades investigadas, além de lutar contra o fechamento.

- Debulhando a situação, foi identificado que na época não existia professor supervisor local da escola básica (escola do campo), para orientar os estudantes da licenciatura. Desta forma, além da educação do campo sofrer com seu abandono na situação macro, quando o pesquisador-popular inseriu uma lupa para analisar as experiências vivenciadas, se deparou com o micro abandono, a saber: o abandono dos estudantes em dar continuidade as narrativas vivenciais referentes à prática no momento do estágio em escolas do campo.

Referências bibliográficas

ABBAGNANO, N. *Dicionário de Filosofia.* 5.ed. Trad. A. Bosi e I. C. Benedetti. São Paulo: Martins Fontes, 2007.

AGROLINK. Regulamentação da Lei da Agricultura Familiar: ganhos para o Brasil, 22/06/2017. Disponível em: < https://www.agrolink.com.br/noticias/regulamentacao-da-lei-da-agricultura-familiar--ganhos-para-o-brasil_394567.html> Acesso: 13/04/2021.

ALVES, E.; SOUZA, G. S.; MARRA, R. Êxodo e sua contribuição à urbanização de 1950 a 2010. *Revista de Política Agrícola*, n. 2, p. 80-88, abr./mai./jun. 2011.

ALTHUSSER, L. *Sobre a reprodução.* Trad. G. J. F. Teixeira. Petrópolis, RJ: Vozes, 1999.

ANDRADE, C. D. de. *Claro enigma.* 7.ed. Rio de Janeiro: Record, 1995.

ANDRADE, C. D. de. *Sentimento do mundo.* 15.ed. Rio de Janeiro: Record, 2001.

ANDRADE, C. D. de. *Dez livros de poesia.* 8.ed. Rio de Janeiro: José Olympio, 1977.

ANDRÉ, M. D. A. *Etnografia da prática escolar.* São Paulo: Papirus, 1995.

ANDRÉ, M. D. A. *Etnografia da prática escolar.* 18.ed. São Paulo: Papirus, 2015.

ARENDT, H. *Entre o passado e o futuro.* Trad. M. W. Barbosa. São Paulo: Perspectiva, 2014.

ARROYO, M.; FERNANDES, B. M. A educação básica e o movimento social do campo. *I Conferência Nacional: Por uma Educação Básica do Campo,* 1999. (Coleção por uma Educação Básica do Campo, 2).

ARROYO, M. Apresentação. In: SOUZA, M. A. *Educação do campo*: propostas e práticas pedagógicas do MST. Petrópolis: Vozes, 2006, p. 9-14.

ARROYO, M. *Outros sujeitos, outras pedagogias*. 2.ed. Petrópolis, RJ: Vozes, 2014.

AURÉLIO *DICIONÁRIO*. Rio de Janeiro, RJ: Nova Fronteira, 2000.

AZEVEDO, E. Série: Agronegócio e agrotóxicos versus agricultura familiar e alimentos orgânicos. *Le Monde Diplomatique Brasil*.

Disponível em: https://diplomatique.org.br/venenos-na-agricultura-quem-ganha-e-como-diminuir/ Acesso em: 25 de agosto de 2019.

BANDEIRA, F. de A. Ideias matemáticas dos horticultores do litoral norte de Natal: Um estudo etnomatemático. *Anais do VIII ENEM* – VIII Encontro Nacional de Educação Matemática, Recife, 2004, p. 1-16.

BAKHTIN, M. *Estética da criação verbal*. Trad. Paulo Bezerra. 4.ed. São Paulo: Martins Fontes, 2003.

BAKHTIN, M. *Marxismo e filosofia da linguagem*: problemas fundamentais do método sociológico da linguagem. Trad. M. Lahud e Y. F. Vieira. 13.ed. São Paulo: Hucitec, 2012.

BARTON, B. Dando sentido à etnomatemática: etnomatemática fazendo sentido. In: RIBEIRO, J. P. M.; DOMITE, M. C. S.; FERREIRA, R. (Orgs.) *Etnomatemática*: papel, valor e significado. 2.ed. Porto Alegre: Zouk, 2006, p. 39-74.

BAUDRILLARD, J. *Para uma crítica da economia política do signo*. São Paulo: Martins Fontes, 1972.

BEISIEGEL, C. R. *Política e Educação Popular*: a teoria e a prática de Paulo Freire no Brasil. São Paulo: Ática, 1992.

BENJAMIN, W. *O narrador*. Trad. E. T. Rosental. São Paulo: Abril, 1975. (Coleção Pensadores).

BENJAMIN, W. A vida dos estudantes. In: ______. *Documentos de cultura, documentos de barbárie*: escritos escolhidos. Trad. Celeste H. M. Ribeiro de Sousa et. al. Seleção e apresentação Willi Bolle. São Paulo: Edusp/Cultrix, 1986, p. 151-159.

BENJAMIN, W. *Reflexões sobre a criança, o brinquedo e a educação*. Trad. V. Mazzari. São Paulo: Duas Cidades/Ed. 34, 2002.

BOFF, L. Ética e espiritualidade: como cuidar da casa comum. Petrópolis, RJ: Editora Vozes, 2017.

BOMENY, H. *et al. Tempos modernos, tempos de sociologia*. 2.ed. São Paulo: Editora do Brasil, 2013.

BORGES, G. M.; SILVA, L. O. da. Fontes de dados de fecundidade no Brasil: características, vantagens e limitações. In: ERVATTI, L. R.; BORGES, G. M.; JARDIM, A. P. (Orgs.). *Mudança Demográfica no Brasil no Início do Século XXI:* subsídios para as projeções da população. Rio de Janeiro: IBGE, 2015, p. 10-29.

BOURDIEU, P. *Escritos de educação.* Trad. M. A. Nogueira e A. Catani. 16.ed. Petrópolis, RJ: Vozes, 2015.

BOYER, C. B. *História da Matemática.* 2.ed. Trad. E. F. Gomide. São Paulo: Edgard Blucher, 1996.

BRAIT, B. Bakhtin e a natureza constitutivamente dialógica da linguagem, In: ________. (Org.) *Bakhtin:* dialogismo e construção do sentido. 2.ed. Campinas, SP: Ed. Unicamp, 2005.

BRANDÃO, C. R. *Pensar a prática*: escritos de viagem e estudos sobre a educação. 3.ed. São Paulo: Loyola, 2001. (Coleção Educação Popular, 1).

BRANDÃO, C. R. *O que é educação popular.* São Paulo: Brasiliense, 2006.

BRASIL. Ministério da Educação. Disponível em: <http://www.mec.gov.br> Acesso: 29 de maio de 2015.

BRASIL. Ministério da Educação. *Lei n. 9.394 Diretrizes e bases da educação nacional.* Brasília: Editora do Brasil, 1996.

BRASIL. Ministério da Educação. Decreto n. 2, de 1 de julho de 2015. Disponível em: <http://www.mec.gov.br> Acesso: 2 de maio de 2016.

BRASIL. Ministério da Educação. Decreto n. 7.352, de 4 de novembro de 2010. Disponível em: <http://www.mec.gov.br> Acesso: 2 de maio de 2015.

BRASIL. Ministério da Educação. *Diretrizes Operacionais para a Educação Básica nas Escolas do Campo.* Parecer, n. 36, de 4 de dezembro de 2001. Disponível em: <http://www.mec.gov.br> Acesso: 3 de maio de 2015.

BRASIL. Ministério da Educação. Parecer, CNE/CP n. 86, de 1 de fevereiro de 2013. Disponível em: <http://www.mec.gov.br> Acesso: 2 de maio de 2015.

BRASIL. Ministério da Educação. Parecer, CNE/CES n. 15/2005. Disponível em: <http://www.mec.gov.br> Acesso: 13 de abril de 2015.

BRASIL. Ministério do Desenvolvimento Agrário (MDA). O que é a agricultura familiar. (2015). Disponível em: <http://www.mda.gov.br/sitemda/noticias/o-que-%C3%A9-agricultura-familiar> Acesso: 21 de abril de 2015.

BRASIL. Ministério da Agricultura, Pecuária, e abastecimento, ano 2015. Disponível em: <www.agricultura.gov.br> Acesso: 13 de fevereiro 2016.

BRASIL. Ministério da Educação. *Lei nº 10.172/2001 - PNE, e no Parecer CNE/CEB Nº 36/2001*. Disponível em: <http://www.mec.gov.br> Acesso: 23 de junho de 2015.

BUARQUE, C. *Assentamento.* Cidades, CD, Gravadora RCA, 1998. (Consulta)

CAMPOS, M. B.; BORGES, G. M. Projeção de níveis e padrões de fecundidade no Brasil. In: ERVATTI, L. R.; BORGES, G. M.; JARDIM, A. P. (Orgs.). *Mudança Demográfica no Brasil no Início do Século XXI:* Subsídios para as projeções da população. Rio de Janeiro: IBGE, 2015, p. 30-41.

CANABRAVA, A. A grande propriedade rural. In: HOLANDA, S. B. de. *História geral da civilização brasileira.* São Paulo: Difel, 1977, p. 192-218.

CARTER, M. (Org.). *Combatendo a desigualdade social*: o MST e a reforma agrária no Brasil. Trad. C. Yamagami. São Paulo: Ed. da Unesp, 2010.

CÉSAR, C. *A primeira vista.* Aos vivos. CD/DVD, Gravadora Velas, 1995.

COMISSÃO PASTORAL DA TERRA. O nascimento da CPT. 5 de fevereiro de 2010. Disponível em: <http://www.cptnacional.org.br/index.php/quem-somos/-historico> Acesso: 13/04/2021.

CONFERENCIA INTERAMERICANA DE EDUCACIÓN MATEMÁTICA (CIAEM). In: Archivos del evento, 2015. Disponível em: <http://xiv.ciaem-redumate.org/index.php/xiv_ciaem/index/pages/view/conf_ant> Acesso: 12 de dezembro de 2015.

COSTA, A. L. P. Alfabetização científica: a sua importância na educação de jovens e adultos. *Revista Educação & Tecnologia*, Belo Horizonte, MG, v. 13, p. 42-46, 2008.

COSTA, A. L. P. Relatos, reflexões, e perspectivas de alunos de licenciatura referente ao futuro trabalho docente. *XI Congresso Estadual Paulista sobre Formação de Educadores - I Congresso Nacional de Formação de Professores*, 2011, Águas de Lindóia - SP. Por uma Política Nacional de Formação de Professores. São Paulo - SP: Prograd/Unesp, 2011, p. 1-6.

COSTA, A. L. P. Relato, projeto de estágio e prática de ensino entre alunos de licenciatura e alunos da escola pública. *II Congresso Nacional de Formação de Professores - XII Congresso Estadual Paulista sobre Formação de Educadores*, 2014, Águas de Lindóia - SP. Por uma Revolução no Campo da Formação de Professores. São Paulo - SP: Prograd/Unesp, 2014, p. 4439-4445.

COSTA, A. L. P. Educação do campo para que? III Congreso Latinoamaericano de Psicología Rural: Desafíos en la construcción de un abordaje psicosocial delas ruralidades. Universidade Federal do Rio de Janeiro com parceria Universidade de la Cuenca del Plata da Argentina. *Anais* ... Rio de Janeiro: Seropédica, 2016.

COSTA, A. L. P. Políticas Públicas na Educação do Campo: fincando estacas na lama e aterro com tijolos na estrada para chegar até a escola. *XIII Congresso Nacional de Educação (XIII EDUCERE), IV Seminário Internacional de Representações Sociais, Subjetividade e Educação (IV SIRSSE), VI Seminário Internacional sobre Profissionalização Docente (VI SIPD Cátedra UNESCO),* 2017, Curitiba/PR/ Brasil. Formação de professores: contextos, sentidos e práticas. Curitiba: Editora Universitária Champagnat, Pontifícia Universidade Católica do Paraná/PUCPR, 2017, v. XIII, p. 1-10.

COSTA, A. L. P. *Conversa* e *Entrevista com Nita Freire a respeito da Pedagogia de Paulo Freire.* 2017. (Arquivo Pessoal).

CUNHA, L. A. *O ensino de ofícios artesanais e manufatureiros no Brasil escravocrata.* São Paulo: Ed. da Unesp; Brasília, DF: Flacso, 2000.

CUNHA, E. *Os sertões.* 6.ed. Rio de Janeiro: Record, 2003.

D'AMBROSIO, U. *Da realidade à ação*: reflexões sobre educação e matemática. Campinas, SP: Ed. da Unicamp, 1986.

D'AMBROSIO, U. *Etnomatemática*: arte ou técnica de explicar e conhecer. São Paulo: Ática, 1990.

D'AMBROSIO, U. *Educação Matemática*: da teoria à prática. 13.ed. Campinas, SP: Papirus, 1996. (Coleção Perspectivas em Educação Matemática).

D'AMBROSIO, U. *Transdisciplinaridade*. São Paulo: Palas Athenas, 1997.

D'AMBROSIO, U. *Palestra no Encontro Paulista de Educação Matemática*. 2017.

DANZA, A.; TULBOVITZ, E. *Uma ovelha negra no poder*: confissões e intimidades de Pepe Mujica. Trad. L. C. Cabral. Rio de Janeiro: Bertrand Brasil, 2015.

DAVIDSON, J. Jaboatão dos Guararapes redescoberto. 26 de janeiro de 2011. Disponível em: <http://www.jaboataoguararapesredescoberto.com/2011_01_01_archive.html>Acesso: 12/04/2021.

DEBORD, G. *A sociedade do espetáculo*. Trad. E. S. Abreu. Rio de Janeiro: Contraponto, 1997.

DELGADO, G. C. A questão agrária e o agronegócio no Brasil. In: CARTER, M. (Org.). *Combatendo a desigualdade social*: o MST e a reforma agrária no Brasil. Trad. C. Yamagami. São Paulo: Ed. da Unesp, 2010, p. 81-136.

DESCOLA, P. Claude Lévi-Strauss, uma apresentação. *Revista Estudos Avançados*. vol. 23 n. 67, p. 1-7, São Paulo, ago. 2009. Disponível em: <http://www.scielo.br/scielo.php?pid=S0103-40142009000300019&script=sci_arttext> Acesso: 3 de setembro de 2015.

DIDI-HUBERMAN, G. *Sobrevivência dos vaga-lumes*. Trad. Casa Nova, V.; Arbex, M. Belo Horizonte: Editora UFMG, 2011.

DOMITE, M. C. S. *et al.* Etnomatemática: papel, valor e significado. In: RIBEIRO, J. P. M.; DOMITE, M. C. S.; FERREIRA, R. (Orgs.). *Etnomatemática: papel, valor e significado.* 2.ed. São Paulo: Zouk, 2006, p. 13-38.

FATOS DO TRIÂNGULO (JORNAL). Da localização da região com seus respectivos polos Disponível em: <https://www.google.com.br/url?sa=i&rct=j&q=&esrc=s&source=images&cd=&cad=rja&uact=8&ved=0ahUKEwipiIzFq_7OAhXGj5AKHVBlCzAQjRwIBw&url=http%3A%2F%2Ffatosdotriangulojornal.blogspot.com%2F2011_09_01_archive.html&psig=AFQjCNHcAemcuFeVP54ElxidwkIJ0YYrSg&ust=1473374493147077> Acesso: 6/08/2018.

FAUSTO, B. *História do Brasil.* 2.ed. São Paulo: Edusp/Fundação para o Desenvolvimento da Educação, 1995.

FERNANDES, B. M. Prefácio. In: SOUZA, M. A. *Educação do campo*: propostas e práticas pedagógicas do MST. Petrópolis: Vozes, 2006, p. 15-18.

FERNANDES, B. M. Educação do campo e desenvolvimento territorial rural. *Revista NERA Presidente Prudente.* Ano 14, n. 18, p. 125-135, jan./jun. 2011.

FERNANDES, B. M.; MOLINA, M. C. O campo da educação do campo. In: MOLINA, M. C.; JESUS, S. M. A. (Orgs.). *Contribuições para a construção de um projeto de Educação do Campo.* Brasília, DF: Articulação Nacional "Por uma Educação do Campo", 2004, p. 32-53.

FERNANDES, F. *A sociologia numa era de revolução social.* São Paulo: Companhia Editora Nacional, 1963.

FERNANDES, F. *Sociedade de classes e subdesenvolvimento.* Rio de Janeiro: Zahar, 1968.

FIORENTINI, D.; CASTRO, F. C. Tornando-se professor de matemática: o caso Allan em prática de ensino de estágio supervisionado. In: FIORENTINI, D. (Org.) *Formação de professores de matemática: explorando novos caminhos com outros olhares.* Campinas, SP: Mercado de Letras, 2003, p. 121-156.

FIORENTINI, D.; LORENZATO, S. *Investigação em educação matemática*: percursos teóricos e metodológicos. 3.ed. Campinas, SP: Autores Associados, 2012. (Coleção Formação de Professores).

FOUCAULT, M. *Vigiar e punir:* nascimento da prisão. 34.ed. Trad. Raquel Ramalhete. Petrópolis, RJ: Vozes, 2007.

FREYRE, G. *Ordem e progresso.* Rio de Janeiro: José Olympio, 1959.

FREYRE, G. *Sobrados e Mocambos.* São Paulo: Global, 1963.

FREYRE, G. *Casa-Grande & Senzala*: formação da família brasileira sobre o regime da economia patriarcal. 48.ed. São Paulo: Global, 2003.

FREYRE, G. *China tropical.* Brasília, DF: Ed. Unb, 2003a.

FREIRE, A. M. A. (Org.). *Pedagogia dos sonhos possíveis.* São Paulo: Ed. da Unesp, 2001. (Série Paulo Freire).

FREIRE, A. M. A.; OLIVEIRA, W. F. DE. (Orgs.). *Pedagogia da solidariedade.* 2.ed. São Paulo: Paz e Terra, 2016.

FREIRE, P. *Educação como prática da liberdade*. Rio de Janeiro: Paz e Terra, 1987.

FREIRE, P. *Educação como prática da liberdade*. 22.ed. rev. e atual. São Paulo: Paz e Terra, 1994.

FREIRE, P. *Pedagogia da autonomia*: saberes necessários à prática educativa. São Paulo: Paz e Terra. 1996.

FREIRE, P. *Pedagogia do compromisso:* América latina e educação popular. Indaiatuba, SP: Villa das Letras, 2008.

FREIRE, P. *Cartas à Guiné-Bissau*: registros de uma experiência em processo. 5.ed. São Paulo: Paz e Terra, 2011.

FREIRE, P. À sombra desta mangueira. 11.ed. Rio de Janeiro: Paz e Terra, 2013.

FREIRE, P. *Professora sim, tia não*: cartas a quem ousa ensinar. 24.ed. rev. e atualizada. Rio de Janeiro: Paz e Terra, 2013a.

FREIRE, P. *Educação e Mudança*. São Paulo: Paz e Terra, 2013b.

FREIRE, P. *Pedagogia do Oprimido*. 58.ed. rev. e atual. Rio de Janeiro: Paz e Terra, 2014a.

FREIRE, P. *Pedagogia da tolerância*. 3.ed. São Paulo: Paz e a Terra, 2014b.

FREIRE, P. *Política e educação*. São Paulo: Paz e Terra, 2014c.

FREIRE, P. *Pedagogia da indignação*: cartas pedagógicas e outros escritos. Ana Maria de Araújo Freire (Org.). São Paulo: Paz e Terra, 2014d.

FREIRE, P. *Ação cultural para a liberdade e outros escritos*. 15.ed. Rio de Janeiro: Paz e Terra, 2015.

FREIRE, P.; GUIMARÃES, S. *Aprendendo com a própria história*. São Paulo: Paz e Terra, 2010.

FREIRE, P.; GUIMARÃES, S. *Lições de casa*: últimos diálogos sobre educação. 2.ed. São Paulo: Paz e Terra, 2015.

FREIRE, P.; HORTON, M. *O caminho se faz caminhando:* conversas sobre educação e mudança social. 4. ed. Petrópolis, RJ: Vozes, 2003.

FUNDAÇÃO TELEFÔNICA VIVO. Educação do campo: em 11 anos, mais de 200 escolas foram fechadas. (2015).

Disponível em: <http://www.promenino.org.br/noticias/reportagens/educacao-do-campo-em-11-anos-mais-de-200-escolas-foram-fechadas> Acesso: 20 de setembro 2016.

GERDES, P. *Etnomatemática: Cultura, Matemática, Educação.* Maputo: Universidade Pedagógica, 1991.

GERDES, P. Etnomatemática e educação matemática: uma panorâmica geral. *Quadrante*, Lisboa, v. 5, n. 2, p. 105-138, 1996.

GIROUX, H. A.; MCLAREN, P. Formação do professor como uma contra-esfera pública: a pedagogia radical como uma forma de política cultural. In: MOREIRA, A. F.; SILVA, T. T. da (Orgs.). *Currículo, cultura e sociedade*. Trad. Maria Ap. Baptista. 6.ed. São Paulo: Cortez, 2002, p. 125-154.

GOOGLE MAPS. Municípios e Distritos integrantes da Superintendência Regional de Educação que são contemplados pelo Projeto Pedagógico do Curso de Licenciatura em Educação do Campo. Disponível em: <https://www.google.com.br/maps/place/UF++Centro+Educacional+e+Administrativo/@-18.694741...> Acesso: 13/04/2021.

GOOGLE MAPS. Mapa do Brasil com os Estados de estudantes oriundos do curso de Licenciatura em Educação do Campo. Disponível em: <https://www.google.com.br/maps/search/brasil+e+estados/@-13.4957297,-62.6150856,4z?hl=pt-BR> Acesso: 13/04/2021.

GOMES, M. L. M. *História do ensino da matemática:* uma introdução. Belo Horizonte/MG: CAED-UFMG, 2012.

GUIMARÃES, A. P. Formação da pequena propriedade: intrusos e posseiros (1963). In: WELCH, C. A.; MALAGODI, E.; CAVALCANTI, J. S. B.; WANDERLEY, M. N. (Orgs.). *Camponeses brasileiros*: leituras e interpretações clássicas. São Paulo: Ed. da Unesp; Brasília, DF: Núcleo de Estudos Agrários e Desenvolvimento Rural, 2009, p. 45-55.

HEIDEGGER, M. Construir, habitar, pensar. In: ______. *Ensaios e conferências*. Trad. Emmanuel C. Leão et al. Petrópolis, RJ: Vozes, 2012, p. 127-141.

HEREDIA, B. M. A. de. O campesinato e a plantation: a história e os mecanismos de um processo de expropriação. In: NEVES, D. P.; MORAES SILVA, M. A. (Orgs.). *Processos de constituição e reprodução do campesinato no Brasil:* formas tuteladas de condição camponesa. São Paulo: Ed. da Unesp; Brasília, DF: Núcleo de Estudos Agrários e Desenvolvimento Rural, 2008, p. 39-67.

HOLANDA, S. B. de. *Raízes do Brasil*. 26.ed. São Paulo: Companhia das Letras, 1995.

IANNI, O. A utopia camponesa. In: WELCH, C. A.; MALAGODI, E.; CAVALCANTI, J. S. B; WANDERLEY, M. N. (Orgs.). *Camponeses brasileiros*: leituras e interpretações clássicas. São Paulo: Ed. da Unesp; Brasília, DF: Núcleo de Estudos Agrários e Desenvolvimento Rural, 2009, p. 135-144.

INSTITUTO BRASILEIRO DE GEOGRAFIA E ESTATÍSTICA (IBGE) (2002). Disponível em: <http://www.ibge.gov.br/home/presidencia/noticias/08052002tabulacao.shtm> Acesso: 18 de setembro de 2016.

IBGE. Instituto Brasileiro de Geografia e Estatística. Períodos do êxodo rural para a urbanização. Disponível em: <https://sidra.ibge.gov.br/pesquisa/censo-demografico/demografico-2010/inicial> Acesso: 21 de abril de 2016.

INSTITUTO BRASILEIRO DE GEOGRAFIA E ESTATÍSTICA (IBGE) (2016). Disponível em: <http://www.ibge.gov.br/home> Acesso: 11 de agosto de 2016.

INSTITUTO BRASILEIRO DE GEOGRAFIA E ESTATÍSTICA (IBGE) (2000). Disponível em: <http://www.ibge.gov.br/vamoscontar2000/arquivos/guiapro5a8.pdf> Acesso: 19 de setembro de 2016.

INSTITUTO BRASILEIRO DE GEOGRAFIA E ESTATÍSTICA (IBGE) (2017). Disponível em: https://www.ibge.gov.br/ Acesso: 02 de fevereiro de 2020.

INSTITUTO BRASILEIRO DE GEOGRAFIA E ESTATÍSTICA (IBGE). Projeto História da Escola, imagens históricas do Grupo Escolar Maria Iracema Munhoz, em São Bernardo do Campo. Disponível em: <http://biblioteca.ibge.gov.br/index.php/bibliotecacatalogo?view=detalhes&id=446282> Acesso: 12/04/2021.

INSTITUTO BRASILEIRO DE GEOGRAFIA E ESTATÍSTICA (IBGE). Escola de Capatazes Desembargador Gonzaga: Baturité, CE/Acervo dos municípios brasileiros IBGE. Escola de trabalhadores rurais. Fonte: IBGE. Disponível em:<http://biblioteca.ibge.gov.br/index.php/bibliotecacatalogo?view=detalhes&id=434364> Acesso: 12/04/2021.

INSTITUTO BRASILEIRO DE GEOGRAFIA E ESTATÍSTICA (IBGE). Escola localizada na Fazenda Saco do Capim, situada em

Boca de Vargem. Bahia; Edifícios escolares; Escolas; Fazendas; Irará (BA). Série: Acervo dos municípios brasileiros IBGE, s/d. Fonte: IBGE. Disponível em: <http://biblioteca.ibge.gov.br/index.php/bibliotecacatalogo?view=detalhes&id=430656> Acesso: 12/04/2021.

INSTITUTO DE ESTUDOS BRASILEIROS (IEB/USP). Acervo. Disponível em: <http://www.ieb.usp.br/arquivo>. Acesso: 25 de março de 2016.

INSTITUTO HISTÓRICO E GEOGRÁFICO DE SÃO PAULO (IHGSP). Arquivo. Disponível em: <http://www.ihgsp.org.br/abl/cgi/cgilua.exe/sys/instituto.php?sid=536> Acesso: 07 de junho de 2016.

INSTITUTO NACIONAL DE COLONIZAÇÃO E REFORMA AGRÁRIA (INCRA). Disponível em: <www.incra.gov.br/> Acesso: 3 de maio de 2015.

INTERNATIONAL CONGRESS ON MATHEMATICAL EDUCATION (ICME). A Historical Sketch of ICMI.

Disponível em: <http://www.mathunion.org/icmi/conferences/other-icmi-conferences/> Acesso: 4 de outubro de 2015.

KNIJNIK, G. Currículo, etnomatemática e educação popular: um estudo em um assentamento do movimento sem-terra. *Currículo sem Fronteiras*, v. 3, n. 1, p. 96-110, jan./jun. 2003.

KRENAK, A. *Ideias para adiar o fim do mundo.* 1.ed. São Paulo: Companhia das Letras, 2019.

KRENAK, A. *A vida não é útil.* 1.ed. São Paulo: Companhia das Letras, 2020.

LEAL, V. N. *Coronelismo, enxada e voto:* o município e o regime representativo, no Brasil. 2.ed. São Paulo: Alfa-Omega, 1975.

LÉVI-STRAUSS, C. *L'analyse structurale en linguistique et en anthropologie.* Word Journal of the Linguistic Circle of New-York, vol.1, n. 2, p. 1-21, ago. 1945.

LÉVI-STRAUSS, C. *Anthropologie structurale.* Paris: Plon, 1958.

LÉVI-STRAUSS, C. *O pensamento selvagem.* Trad. T. Pellegrini. 2.ed. Campinas, SP: Papirus, 1997.

MAQUIAVEL, N. *O príncipe e dez cartas.* 2.ed. Trad. S. Bath. Brasília, DF: Ed. da Unb, 1980.

MARQUES, F. C. A. *Um pau com formigas ou o mundo às avessas*: a sátira na poesia popular de Leandro Gomes de Barros. São Paulo: Edusp/ Fapesp, 2014.

MARTINS, J. S. *Fronteiras:* a degradação do outro nos confins do humano. 2.ed. São Paulo: Contexto, 2014.

MARTINS, J. S. *O cativeiro da terra.* 9.ed. São Paulo: Contexto, 2015.

MARX, K.; ENGELS, F. *A ideologia alemã.* Trad. L. C. Castro e Costa. São Paulo: Martins Fontes, 1998.

MARX, K.; ENGELS, F. *O manifesto comunista.* Trad. M. L. Como. 5.ed. Rio de Janeiro: Paz e Terra, 1999.

MARX, K.; ENGELS, F. *Lutas de classes na Rússia.* Trad. S. Nélio. São Paulo: Boitempo, 2013.

MATTOS, A. C. A mais-valia no processo de potenciação da força de trabalho. In: RIBEIRO, J. P. M.; DOMITE, M. C. S.; FERREIRA, R. (Orgs.). *Etnomatemática*: valor, papel e significado. 2.ed. São Paulo, SP: Zouk, 2006, v. 1, p. 89-102.

MELO NETO, J. C. de. *Morte e vida Severina.* Rio de Janeiro: Objetiva, 2007.

MINISTÉRIO DA AGRICULTURA, PECUÁRIA E ABASTECIMENTO, 2015. Disponível em: <www.agricultura.gov.br> Acesso: 2 de maio de 2015.

MINISTÉRIO DA EDUCACÃO (MEC) – Lei de Diretrizes e Bases da Educação Nacional, 20/12/1996. Disponível em: <http://www.planalto.gov.br/ccivil_03/Leis/L9394.htm> Acesso: 15/04/2021

MIORIM, M. A. *Introdução à história da educação matemática.* São Paulo: Atual, 1998.

MOREIRA, G. L. Site do Frei Gilvander Moreira.

Disponível em: http://gilvander.org.br/site/ Acesso: 14/11/2021.

MOVIMENTO DOS TRABALHADORES RURAIS SEM TERRA (MST). Apresentação. Disponível em: < https://mst.org.br/quem-somos/> Acesso: 13/04/2021.

MUNHOZ, M. I. Projeto História da Escola. 3 de setembro de 2013. Disponível em < http://eemariairacemamunhoz.blogspot.com.br/2013/09/projeto-historia-da-escola-inicio.html> Acesso: 10/04/2021.

NOSELLA, P. *Origens da pedagogia da alternância no Brasil.* Vitória, ES: Edufes, 2012.

NUNES, T. A matemática na vida cotidiana: psicologia, matemática e educação. In: NUNES, T.; CARRAHER, D.; SCHLIEMANN, A. *Na vida dez, na escola zero*. 16.ed. São Paulo: Cortez, 2011.

NUNES, T.; CARRAHER, D.; SCHLIEMANN, A. Na vida, dez; na escola, zero: os contextos culturais da aprendizagem da matemática. In: NUNES, T.; CARRAHER, D.; SCHLIEMANN, A. *Na vida dez, na escola zero*. 16.ed. São Paulo: Cortez, 2011, p. 41-63.

OTTO. *Avisa Gil*. Sem Gravidade. CD, Records, 2003. (Consulta)

PARRA, C. Cálculo mental na escola primária. In: PARRA, C. *et al*. *Didática da matemática:* reflexões psicopedagógicas. Trad. J. A. Llorens. Porto Alegre, RS: Artes Médicas, 1996, p. 186-235.

PAVANELLO, R. M. O abandono da geometria: causas e consequências. *Zetetiké*, Campinas, SP, p. 7-18, mar. 1993.

PAVANELLO, R. M. Formação de professores e dificuldades de aprendizagem em matemática. In: MACIEL, L. S. *et al*. (Orgs.). *Formação de professores e prática pedagógica*. Maringá: Eduem, 2002, p. 65-80.

PESSOA, F. *Poemas escolhidos*. São Paulo: Klick, 1997.

PIMENTA, S. G.; LIMA, M. S. L. *Estágio e docência*. 7.ed. São Paulo: Cortez, 2012.

PISTRAK, M. M. *A comuna escolar*. Trad. L. C. Freitas e A. Marenich. São Paulo: Expressão Popular, 2009.

PISTRAK, M. M. *Fundamentos da escola do trabalho*. Trad. D. A. Reis Filho. 3.ed. São Paulo: Expressão Popular, 2011.

PRADO JUNIOR, C. *Formação do Brasil Contemporâneo*. 23.ed. São Paulo: Brasiliense, 1997.

RÉGIO, J. Cântico negro. *Releituras* – textos. Disponível em: <www.releituras.com/jregio_cantico.asp> Acesso: 28 de outubro de 2017.

RIBEIRO, D. *Ensaios insólitos*. 3.ed. São Paulo: Global, 2015.

RODRIGUES, A. T. *Sociologia da educação*. 6.ed. Rio de Janeiro: Lamparina, 2007.

ROSA, M. C. Para além do MST: o impacto nos movimentos sociais brasileiros. In: CARTER, M. (Org.). *Combatendo a desigualdade social*: o MST e a reforma agrária no Brasil. Trad. C. Yamagami. São Paulo: Ed. da Unesp, 2010, p. 461-477.

SANTOS, M. *Pensando o espaço do homem*. 5.ed. São Paulo: Edusp, 2012.

SHULGIN, V. N. *Rumo ao politecnismo.* (artigos e conferências).Trad. A. Lazarev e L. C. Freitas. São Paulo: Expressão Popular, 2013.

SILVA, Á. P. Da. Engenhos e fazendas de café em Campinas (Séc. XVIII-Séc. XX). *Anais do Museu Paulista.* São Paulo, v. 14, n. 1, p. 81-119, jan./jun. 2006. Disponível em: <https://www.scielo.br/pdf/anaismp/v14n1/04.pdf> Acesso: 12/04/2021.

SINGER, P. *Ensaios sobre a economia solidária.* Coimbra: Edições Almedina, S. A., 2018.

STEDILE, J. P.; FERNANDES, B. M. *Brava gente*: a trajetória do MST e a luta pela terra no Brasil. 2.ed. São Paulo: Expressão Popular/ Fundação Perseu Abramo, 2012.

SOUZA, M. A. *Educação do campo*: propostas e práticas pedagógicas do MST. Petrópolis: Vozes, 2006.

TERRA, R. B. L. *Memória de lutas*: literatura de folhetos do Nordeste (1893-1930). São Paulo: Global, 1983.

TRENTO, A. *Do outro lado do atlântico*: um século de imigração italiana no Brasil. Trad. Maria rosaria Fabris e Luiz E. de Lima Brandão. São Paulo: Nobel, 1989.

UNIVERSIDADE FEDERAL. *Licenciatura em Educação do Campo.* Minas Gerais: UF, 2015.

UNIVERSIDADE FEDERAL. *Orientações sobre o Estágio Supervisionado.* Minas Gerais: UF, 2016.

VALENTE, W. R. *Uma história da matemática escolar no Brasil:* 1730-1930. 2.ed. São Paulo: Annablume/Fapesp, 2007.

VALENTE, W. R. *Avaliação em matemática*: história e perspectivas atuais. Campinas, SP: Papirus, 2008.

VELHO, O. G. C. A. O conceito de camponês e sua aplicação à análise do meio rural brasileiro. In: WELCH, C. A.; MALAGODI, E.; CAVALCANTI, J. S. B.; WANDERLEY, M. N. (Orgs.). *Camponeses brasileiros*: leituras e interpretações clássicas, v.1. São Paulo: Ed. da Unesp; Brasília, DF: Núcleo de Estudos Agrários e Desenvolvimento Rural, 2009, p. 89-96.

WEBER, M. *Ciência e política*: duas vocações. Trad. L. Hegenberg e O. S. Mota. São Paulo: Cultrix, 1968.

Lista de abreviações

ATER – Assistência Técnica e Extensão Rural
FCT – Faculdade de Ciências e Tecnologia
FUNDAJ – Fundação Joaquim Nabuco
IBGE – Instituto Brasileiro de Geografia e Estatística
IEBUSP – Instituto de Estudos Brasileiros
IHGSP – Instituto Histórico e Geográfico de São Paulo
INCRA – Instituto Nacional de Colonização e Reforma Agrária
INEP – Instituto Nacional de Estudos e Pesquisas Educacionais Anísio Teixeira
IPF – Instituto Paulo Freire
LDB – Lei de Diretrizes e Bases da Educação Nacional
LIEDUCA – Licenciatura em Educação do Campo
MDA – Ministério do Desenvolvimento Agrário
MEC – Ministério de Educação e Cultura
MST – Movimento dos Trabalhadores Sem Terra
PNRA – Plano Nacional de Reforma Agrária
PROCAMPO – Programa de Apoio a Formação Superior em Licenciatura em Educação do Campo
PRONERA – Programa Nacional de Educação na Reforma Agrária
SECADI – Secretaria de Educação Continuada, Alfabetização, Diversidade e Inclusão
SESU – Secretaria de Educação Superior
SETEC – Secretaria de Educação Profissional e Tecnológica
UFMG – Universidade Federal de Minas Gerais
UF – Universidade Federal
UNESP – Universidade Estadual Paulista "Júlio de Mesquita Filho"
USP – Universidade de São Paulo

Lista de figuras

Lista de tabela

Lista de quadros

Crédito das fotos

Sobre o Autor

Alberto Luiz Pereira da Costa nasceu no extremo sul, periferia de São Paulo em Parelheiros, em 1977. Graduou-se em Licenciatura em Matemática na Faculdade de Ciências e Tecnologia da Universidade Estadual Paulista, UNESP - Campus de Presidente Prudente, em 2005. Integrou o circuito cultural desde a adolescência, Alberto Costa participou de diversos movimentos culturais de rua e de Casa de Cultura na zona sul de São Paulo/SP nos anos 90. Desenvolveu trabalhos em artes gráficas de rua (1991 – 1994), já na música navegou entre o hip hop, juntamente com companheiros poetas e de movimentos de música de rua de Bairros periféricos do extremo sul de São Paulo (1990 – 1998). Participou do Movimento Estudantil e de Ocupação como reivindicação para construção de moradia estudantil, restaurante universitário e laboratórios na UNESP (2003-2004). Foi professor em Escolas Públicas Estaduais na capital de São Paulo, em Presidente Prudente, Bauru, Marília e Assis interior de São Paulo (2000 – 2008). Participou dos movimentos de greves dos professores do Estado de São Paulo entre os anos 2000 e 2007. Em 2008, mudou para Maringá (Paraná) e frequentou o Mestrado em Educação para a Ciência e o Ensino de Matemática (2008 – 2010) da Universidade Estadual de Maringá, onde desenvolveu projeto de investigação e extensão universitária sobre tecnologias, ensino a distância, ensino de Matemática e educação popular. Já em 2011 começou a lecionar no curso de Matemática no ensino superior na Fundação de Ensino Superior de Assis e na Universidade Paulista (UNIP) entre 2011 a 2014 nos cursos de Engenharia, Computação, Farmácia e Pedagogia. Também foi professor no curso de Engenharia Biotecnológica e Biologia na Universidade Estadual Paulista/Unesp - Campus de Assis entre os anos de 2012 a 2014. Inicia em 2014 seu Doutorado no Programa de Pós-Graduação em Educação pela FCT/UNESP, investigando a Educação do Campo. Atualmente, desenvolve seu Pós-Doutoramento em Sociologia na Faculdade de Economia da Universidade do Algarve em Portugal, é Professor Adjunto Doutor do curso de Licenciatura em Educação do Campo na Universidade Federal do Triângulo Mineiro - Campus de Uberaba/MG, trabalhando com ensino, pesquisa e extensão. Coordena o Programa de Extensão Universitária Interfaces entre Artes, Ciências & Matemática.

"Un pueblo sin memoria es un pueblo sin futuro..."
(Frase escrita no Estádio Nacional em Santiago, no Chile)

Está frase nos remete as mortes no campo e ao abandono das escolas do campo no Brasil. Não podemos esquecer da intolerância e a violência com os povos moradores do campo....

pólen bold 90 gr/m2
tipologia garamond
impresso na verão de 2023